刘艳红 著

法律人的谋生与谋道

图书在版编目(CIP)数据

法律人的谋生与谋道/刘艳红著. —北京:北京大学出版社,2021.8
ISBN 978-7-301-32257-4

Ⅰ.①法… Ⅱ.①刘… Ⅲ.①法律—文集 Ⅳ.①D9-53

中国版本图书馆 CIP 数据核字(2021)第 114625 号

书　　　名	法律人的谋生与谋道 FALÜREN DE MOUSHENG YU MOUDAO
著作责任者	刘艳红　著
责任编辑	徐　音
标准书号	ISBN 978-7-301-32257-4
出版发行	北京大学出版社
地　　　址	北京市海淀区成府路 205 号　100871
网　　　址	http://www.pup.cn　新浪微博:@北京大学出版社
电子信箱	sdyy_2005@126.com
电　　　话	邮购部 010-62752015　发行部 010-62750672 编辑部 021-62071998
印　刷　者	涿州市星河印刷有限公司
经　销　者	新华书店 880 毫米×1230 毫米　A5　9 印张　182 千字 2021 年 8 月第 1 版　2023 年 8 月第 4 次印刷
定　　　价	59.00 元

未经许可,不得以任何方式复制或抄袭本书之部分或全部内容。
版权所有,侵权必究
举报电话:010-62752024　电子信箱:fd@pup.pku.edu.cn
图书如有印装质量问题,请与出版部联系,电话:010-62756370

心中的山水
（代序）

如果说"活着是为了更好地记忆，记忆是最好的感恩"，那么，固化记忆表达感恩的最好形式，当然是把记忆出版成册，让它永久化。《法律人的谋生与谋道》一书的出版，就是对我过往学术生活记忆的总结，亦是对那些帮助过支持过我的师友、校友、各方贤达人士和我可爱的学生们的感谢，感恩有你们。

本书是我在从事教师这个职业以后，在各种场合的致辞、为学生的书写的序、我本人专著的后记以及各类采访稿的合集。记得我第一次致辞是在中南财经政法大学，当时是2002年，我刚从北大博士毕业。当被通知作为教师代表为大学新生致辞时，我心里万分紧张，并为了这篇致辞的选题和内容准备了好多天，最终我确定的题目是《做一名合格的大学新生》。上台致辞的那一刻，我把心都快提到嗓子眼了。完成任务后如释重负的轻松感，台下同学们期盼的眼神，都成为萦绕我心中

的美好记忆。武大期间,是我人生中美好而短暂的一段时光。在珞珈山下的几年,我没有致过辞。随后,在东南大学的15年间,我从一位普通老师成长为学院院长,以至于经常在各种场合致辞。

致辞是一门艺术,它绝对不是随随便便分享一点心灵鸡汤就可以的。致辞的要点在于引起共鸣,致辞的诀窍在于要走心。体悟听众的心境、道出自己的感情,这基本上就是一篇合格的致辞了。但仅仅于此还不够,修辞的手法极为重要,这种手法在我看来就是叙事的方式。是老套的或高高在上的或大同小异的满篇空话,还是充满时代感且接地气,并能体现致辞者自身的学术素养,最好再有一点文学修养的心灵物语,决定了一篇致辞的水平高下。同时,好的致辞应该和学术文章一样,还要有"灵魂"。家国情怀与自由独立,这是我总结的我的致辞的灵魂,它贯彻在我所有的致辞中,体现了我的个人特色。家国情怀是我对学生的期许,我总希望他们不仅成为国家的栋梁之材,更要成为未来社会的领军人才。自由独立则是我对自己的体认。"自由是上帝赐给人类的最大的幸福之一"(塞万提斯语),人生而自由,人生的最大价值就是自由。要做一个风骨不群的人,就得有一颗自由的灵魂;自由也是学术创新的原动力;当确立了致辞的灵魂,找到了致辞的风格和题材之后,于我而言,致辞不仅不再是难事,而是一种享受,是一次美好的旅程。

致辞之余,我也开始受邀给我的博士生们的书写序。从被

心中的山水（代序）

作序的学生身份，到给学生作序的老师身份，时光之手点化了每一个人。如今的社会太过功利，青年学子往往难以安心学术。都说长江后浪推前浪，不过，如今"90后"和"00后"的"后浪"们，浪花里裹挟的都是焦虑的气息；都说挫折催人成长，可如今的好多青年人却特别脆弱，经受不起挫折，甚至连成为更好的自己都困难。对物质的追求代替了精神的成长，殊不知，所有外物都应当是人沉浸于某个精神世界之后带来的自然结果，而不是刻意追求所得。当我的博士们毕业了，离开了我的身边，我对他们总是不放心，总想再叮嘱点什么……为他们的博士论文出版的著作写序，就成为我送给他们最后也是最走心的礼物了。鼓励他们静气静心抗压抗挫，也是我为他们写的序中永远不变的"灵魂"。青年学子，是最需要帮助的；帮助他们，乐之愿之。

我本人专著的后记，也一并纳入了本书。我的专著并非每本都有后记，有的书并没有作后记，比如《开放的犯罪构成要件理论研究》《行政刑法的一般理论》，更多的书则是写了后记；将它们一并收录，可以更清晰地呈现我个人的学术轨迹。

这些年我也接受了各种采访。要特别感谢这些记者朋友，他们于百忙之中联系我帮助我，从见面到形成文稿，从字斟句酌到反复修改，他们总是不厌其烦细心认真。从他们身上，我进一步体会到了什么叫敬业和投入。这些采访并非完全是单向输出，记者朋友们的提问，总会让我宁心反思。由衷感谢他们的辛苦付出，帮我留下了人生阶段之旅中美好的光与影、文与

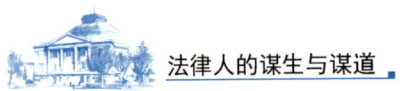

字、篇与章。感恩有你们。

感恩从中南到武大到东大我遇到的每一个人，没有你们的支持，就没有今天的我，也没有今天的东南法学所取得的快速发展与巨大成就。感恩在东南大学工作期间，我所遇到的每一位领导和同事，你们的无私帮助和支持，让我体会到了平台的魅力；感恩所有的东南大学校友特别是法学院的校友，你们的无私奉献和默默付出，让我深深体会到校友的力量；感恩社会各方贤达人士，你们的殷切关怀，常常让我感动不已。人生需要在某一刻停下脚步，静一静，想一想，回望一下来时的路，这样才能在未来走得更稳更远。本书正是我停驻片刻对过往所作的总结，当然也是对未来予以展望的序章。

让人们能找到生命价值的事情，才能叫事业，其余的仅是工作而已。我很高兴，从读博时开始，我就立志以学术为业，并通过学术事业实现了谋生；谋生之余，我亦尽自己所能谋道。帮助他人并贡献社会，是我对谋道最浅显的理解。我一直是这样努力去做的。做得好不好我不知道，但是，取乎其上得乎其中，尽力了，也就心安了。本书以《法律人的谋生与谋道》命名，即为此意。谋生与谋道，眼里有他人，心中有山水。这样的人，人生注定是丰盈的。

二〇二一年三月一日

目录

01
致辞 | 讲座 | 发言 | 心得

谋生与谋道　005

温度与锐度　011

知识与见识　019

危机与生机　028

以正义为业　035

愿心与愿力　039

关注力与发展力　044

心有猛虎　细嗅蔷薇　050

法律人的别离与寄语　053

人生态度决定人生高度　056

理想，是心灵的灯塔　060

"法"的精神和要义　065

塑造人文　养成心性　079

学问之道与为人之道　085

法安天下　学润人心　089

学术自由与"自动主义"　092

温暖在心　感恩有您　097

育特色精英　迎八方人才　100

做一名合格的研究生新生　106

做一名合格的大学新生　116

东南大学 111 周年校庆致辞　127

二十载芳华重聚　友谊与青春绽放　129

非心非念　物我两忘　133

我在北大做学术　138

02

序｜荐书｜后记

山川之气谓之云　学术之珍谓之宝　149

刑民交叉听箫韶　夏木阴阳好时节　155

芬馥歇兰若　清越夺琳珪　162

求学问道莫忘初心　出罪入罪谨记法定　167

京外多俊杰　才子非皇城　171

有了飞翔的翅膀，再多的负荷也能翱翔　175

打开刑法山洞之门的咒语　179

《网络犯罪的法教义学研究》后记　186

《实质出罪论》后记　189

《实质刑法观》第二版后记　194

目 录

《实质刑法观》第一版后记　198
《实质犯罪论》后记　203
《罪名研究》后记　207

附录

开启"实质刑法三部曲"之后的学术旅程　213
越过"好望角"　220
与刑法对话　230
学术理想与学术责任　237
在法学"战场"携手理工科突围　251
潜心关乎国计民生的实践之学　257
法学家夫妻的青葱岁月　261
让学术荣耀生命　270

01 法律人的谋生与谋道

致辞 | 讲座 | 发言 | 心得

谋道之上,

乃在于以天下为己任,

国家兴亡,

匹夫有责。

谋生与谋道
——东南大学法学院2017届毕业致辞

2017.6.19

每年的6月,都是我心情最复杂的时候。这个季节,流火飞萤,海天云蒸,亲爱的同学们,又到了离别与起航的时刻:离别你们的学校、学院与师友,起航你们即将开始的新的人生,你们即将奔赴新的岗位或者即将开始一段新的恋情。这样的时刻,我的心情总是欣喜伴随着感伤,欣喜于你们的成长,感伤于你们的别离。但是,无论如何,我都没有忘记,在这个时刻,作为一名法律人,当然要践行法律的程序价值;院长的毕业致辞,正是这程序正义中的一部分。为此,我作为你们的师长,在此照例要送你们一些临别箴言,以此作为学院送给你们的精神礼物。

今天我的赠言只有一个主题,那就是:谋生与谋道。

亲爱的同学们,通过数年的学习(本科生四年、研究生二至六年),你们终于毕业了!在几年学习生涯中,我知道,绝

法律人的谋生与谋道

大多数的你们，并不只是玩自拍、玩游戏、谈恋爱；你们勤奋刻苦，奋发向上；你们所学匪浅，终有所成。同时，你们或多或少都学会了一点谋生的技能，你们拿到了一些林林总总可以以之谋生的证件，如学士毕业证、硕士毕业证、博士毕业证、会计资格证、法律执业资格证，甚至包括驾驶证，等等。经过多年的学习，你们终于有机会扬帆起航，奔向社会的大舞台了！你们可能迫不及待地想投入社会的怀抱，离开父母师长的庇佑，用自己所学的一技之长去谋生，去买房买车，去养活自己，包括养活你们的家人。然而，且慢！此刻，请你们谨记：谋生固然重要，谋道不能忘怀。

大道至简。谋道，实乃为人之道。毕业后的你们，如何恪守作为人本该遵守或追求的道义，如何在谋生与谋道之间求得平衡，这艰难的一课，即将在社会的大舞台上开始。

谋道之上，乃在于以天下为己任，国家兴亡，匹夫有责。 人乃社会的动物，法律人是解决生活矛盾的族群。当你的目光投向社会时，家国天下的情怀和责任会使你境界更高远，事业别有洞天。当今世界风云变幻，特朗普入主白宫、马克龙入主爱丽舍宫、中东战火不断、俄罗斯强权扩张、英国退出欧盟、韩国部署萨德、日本右翼嚣张……在这样一个时代，世界政治经济形势格外动荡不安，各方势力此消彼长，极权主义与恐怖主义蔓延。同学们，请你们不要忘记，时代的急剧变化，需要随时准备好的你们，需要时时为国家为社会的发展奉献自我的你们。当你们在谋生时，请不要忘记，国家的发展、社会的进步,其实都与你们的每一个行动密切相关。千万不要告诉我,"一介草民,何关天下"?如果你这样想,说明你的本科生四年或研究生数年学习是失败的。蝇营狗苟唯其利,天道之本在其义。君子所贵在之道。一个只知道小确幸的人,一个只知道老婆孩子热炕头的人,一个只知道美食和旅游的人,不能说他完全违背了为人之道,但至少,作为一个社会人来说,他没有充分实现为人之道。法律,乃治国安邦之学,而不仅仅是谋生的技能或手段;希望你们在追求小确幸的同时,要多一些家国天下之情怀,要以天下为己任。很多同学在读书期间投入社会公益活动、学校社团活动、学院平台与学科发展活动,他们无怨无悔,他们锻炼充分。但也有一些同学从来没有投身过任何与自己的学习或生活无关的活动,他们"两耳不闻窗外事,一心只读圣贤书",甚至他们也并不一定是"一心只读圣贤书",他们可能非常善于谋生存谋发展,只是他们从不自省:国家、社会、学校、单位的发展,与我何干?他们忘记了一个社会人的责任,当然也就忘记了谋道之上,乃在于以天下为己任。"先天下之忧而忧,后天下之乐而乐",这句话在今天说起来,很多人只会一笑了之,但我希望你们不要笑。你们要记住,每个人的小确幸,是建立在国家、社会、单位平台健康良性发展的基础之上的;当你在谋生,在追求个人生活质量提高的同时,请你勿忘一个社会人对国家与社会的责任。唯有如此,你才是一个合格的社会人、法律人。

谋道之中，乃在于立德立行，勿见利忘义，要忧德行之道。 当下，正处于马克斯·韦伯所说的工具主义时代，人们追逐资本，热爱金钱；很多人见利忘义，只知自己。拜物教成为当下人们共同的"宗教"。在这样的时代，有部分精致的利己主义者：他们精打细算，在一个行为还没有开始之前即已计算"好处"，其重点则是"我能得到什么"，得到好处之后旋即又忘掉了，他们缺乏感恩之心，他们永远在追逐更多更好的利益的路上……毫无疑问，他们很会谋生，却常常忘了谋道，他们中的很大一部分人甚至可能是人们眼中艳羡的所谓成功人士，但是，亲爱的同学们，请你们不要做这样的人。孔子说：君子谋道不谋食，君子忧道不忧贫。君子用心求道而不费心思去求衣食。不谋衣食并不是真的不要衣食，而是通过谋道而水到渠成地获得衣食。

当你踏入社会，用你手中的法律技能谋生之时，请你勿忘，谋道之中，乃在于立德立行。立德，意味着你们为人处世的道德经得起考验。日行一善，助益他人，不因人势小而欺之，不因人势强而附会，气质清朗，日月皎皎。立行，意味着你们的行为要经得起考验。"行"，行动、实际地做。"博闻强识而让，敦善行而不怠，谓之君子。"敦行，厚道、敦促、勉力地去行动；道学至于无心，立行至于无愧，所作所行方能"立"得住。同学们，在我们这个小小的法学院，你们中的很多人因为受施建辉老师的影响，走向实务，尤其是走向律师行业，这无可非议。走向律师行业，在社会一般人眼中，也就是走向有钱人的行列。但是，请你们走上社会后，每日三省，为人谋而不忠乎？与朋友交而不信乎？传不习乎？君子爱名利，取之有道乎？夜半人静之时，不妨想想在你的为人之道中，你亏欠过什么、缺失过什么，你是问心无愧还是问心有愧……这一切看起来是小事，实则是关系到你今后谋生之路是否顺畅、谋何种之生的大义。希望你们时时谨记砥节砺行、建德修行；唯有如此，你才能心若止水、退然渊静、幸福安详。

谋道之下，乃在于守住为人之底线，遵纪守法，勿逾规越矩。 法治，作为治世之方略，亦为道中的一种；为人之底线，在于遵纪守法，做良善守法之公民，故谋道之下，在于勿做违法甚至犯罪之人。同学们，你们在法学院数年学习的正是这一点；任何对此的继续唠叨，都是对你们学业付出的极不尊重。为此，请允许我此处省略 500 个字。

亲爱的同学们，在你们初进校门之时，我担心你们听不懂课，考不过试，写不好论文，毕不了业。而今，你们把老师们这些不多的本领都学会了，如同虎崽长大要去独立觅食了。在你们离开校园之时，我又开始担心，你们会不会为了谋生误伤同类，会不会为了谋生背弃自己当初的信念、理想，甚至祭出自己的亲情、友情与良心……教育的目的是成人，教育的内容是做人。同学们，你们即将走上社会，如果在以后的工作和生活中，能够学会处理好谋生与谋道的关系，那么，恭喜你们，你们所受的高等教育不是一场"假教育"，也恭喜我们的老师们，你们真正实现了传道授业解惑。世间无不成之事！让我们

一起努力,去证成这个命题。

大道至简,悟在天成。同学们,祝你们新的人生旅程一帆风顺、幸福美满。愿你们出走半生,归来仍是少年。母校会为你们时时鼓掌、加油。

温度与锐度
——东南大学法学院 2018 届毕业致辞

2018.6.19

2017年6月19日，我们送走了2017届毕业生；今年同一天，亲爱的同学们，我们又在这里送走你们。充满仪式感的典礼和致辞，正是学院对各位学子最后的道别。同学们，你们经过十年寒窗，终有所成，而今离校，风华正茂。"6·19"，又要走，从此，我想将它定格为法学院毕业典礼日，如果各位学子同意，此处请你们给我一点掌声，同时也最后一次行使你们在法学院民主决策的权利。

今天，我要送给各位同学的毕业赠言是：温度与锐度。

同学们，在九龙湖畔、六朝松下，你们一直在努力，努力适应"牌区"和"湖区"之间的巨大文化落差，努力适应"双一流"理工科强校的"我东"与文科"我院"之间的巨大落差，努力适应九龙湖畔夏日的骄阳和冬天的寒风之间的巨大落差……你们中的绝大多数同学都适应了，带着收获满满的成绩

单和骄傲,要起航飞翔了。但我也知道,你们中间也有一些同学从未适应,且一直在寻找,你们心里仍然困惑:面对未来,如何在荆棘中穿行,尽快适应社会并成就自我?今天,在这别离的时刻,我想跟你们谈谈,做一个有温度和锐度的人,也许有助于你们实现这样的目标,也请你们将这当作我对你们的临别箴言。

这是个火热的夏天,一点也不缺乏温度,世界杯更是将这个夏天点燃得激情四射。尤其你看,今年的典礼不同往年,我们的教授基本上都亲自到场;施建辉老师今天要亲自致辞,他指导的博士今天也要亲自致辞;我们的家长们也首次受邀到场,现场气氛如此火爆……然而,同学们,天气的温度+足球的热度+现场的火爆度,那都不是你内心的作为人的温度。今天这场毕业典礼,也表明我们的同学不缺乏锐度。否则,各位怎么可能顺利考入名牌大学法学院继续深造?怎么可能顺利出国领略不一样的风景?怎么可能进入你曾经无比心仪的世界五百强?至少是,怎么可能完成东大苛刻的学业并以优异或至少是合格的成绩毕业呢?但你我都知道,这只是事物发展最自然的结果,毕业+就业+深造,那都不是你自身的、独有的锐度。在技术日新月异的时代,确保自己作为人的温度和锐度,该是多么不容易……

技术生成总是领先于社会生成,导致技术体系与社会组织之间的差距越来越大,当社会还没来得及适应一种新技术时,更新的技术就已经到来。从 0G 到现在的 4G,东南大学 2011

温度与锐度

年至 2017 年全校科技大会,已经将 6G 移动通信作为面向 2030 年"顶天立地"的"十大科学技术前沿问题"。技术热潮并非全是坏事,比如我们的法学院,在"交叉性、团队式、实务型"办学理念的指引下,最近几年司法大数据做得火热,从而有幸使我院作为唯一的文科院系加入了我校"十大科学技术前沿问题"这一战略布局。毫无疑问,下一个十年,我院将依靠着科技"顶天立地"。甚至在不久的将来,互联网可能突破地球的限制实现"星际互联"。科技正在 360 度无死角地席卷全球。在法国著名哲学家德里达指导贝尔纳·斯蒂格勒写出了《技术与时间》这本书之后,技术问题从哲学的边缘被推到了核心位置。人们日益思考,在"全技术"时代下,如何确保人不会被技术物化和异化,确保人的温度而不是如同机器一样冷冰冰,确保人的锐度而不是如同机器一样被钝化。

亲爱的同学们,常常在校园里,作为老师的我们碰到了你们,而你们却从不看我们,你们眼里只有"爱疯"(iPhone);在食堂里,我们的同学们分明把米饭当辅食、把手机当主食……网游、微信和抖音,仿佛每个人都是"头号玩家"。手机干掉了 MP3、干掉了报纸、干掉了相机、干掉了电视,正在干掉一部分银行,可能还有我们和你们。目光呆滞或对机傻笑,成为一部分同学的标配表情包。当然,很多同学包括大家眼中的学霸,看起来是如此的目标突出、目的明确,但其实,这何尝不是技术化时代人们的写照呢?技术都是以解决关键问题为目的的,那过分明确的追求,可能恰恰证明了作为人温度

的弱化与技术机器特性的强化；除了对美食与明星，大家似乎对其他事情都不太关注、不太关心，再牛的大咖再高水平的讲座，都视而不见不愿参加；课堂提问茫然四顾，对着手机迅速搜索问题答案成为"公开的秘密"……

自由主义释放每个人的欲望，功利主义推动人们公然追逐欲望，自由加功利主义，则使人类精于计算和分配自己的欲望；技术的高速发展，使得人的欲望成为卖点、看点和经济增长点。在这样的大环境下，人一步步被技术同化被物化，日益成为"行走的欲望"，人慢慢失去了人之为人的温度。所以在这个时代，友情非常珍贵，"有情饮水饱"已成为永久的过去式，因为友情太少，如同洁净的水一样珍贵，欲饮而难饱；爱情更加难得，人很难爱上一个人，因此《水形物语》只好深刻揭示了一场人与怪兽之间的恋爱，而谁又能知道，未来的我们，会不会如此呢？师生情同样稀缺，老师只是出现在课堂上的一个工具，师生情谊只是《放牛班的春天》里的故事，当然这其中也有老师们的问题。上下级之间的情谊？这个幼稚的幻想请你一定要打破，当你踏上工作岗位以后，你就会知道，这是你人生中"不可能完成的任务"。

工业化的食品喂养、标准化的配方与添加剂、统一的教材和观点、数字化的婚姻幸福匹配指数、计算精准的下一代生产任务、量化的 GDP 导向的成功指数，读书、就业、结婚、生子，还有娱乐或者游戏制造业流水线上，精准为不同受众打造的消费产品……人早已被豢养成为工业社会的奴隶，本应为社

温度与锐度

会主体的人却正在变成消费的客体,人身在其中而不自知,人慢慢失去了人之为人的锐度。娱乐电影已精准计算出多少分钟一个笑点,相声小品也精准设计了多少分钟一个包袱;人工喂养的食物喂养一代又一代人,不是出于"nature"的富有天性的一代,循规蹈矩按部就班。人们日益成为"行走的机器",是打磨后、标准化后钝化了的机器,而没有天性、思想和独立性。

人的温度和锐度一旦缺失,未来便充满了变数。技术摧毁了人的温度和锐度,我知道,这不是你们的问题,这是时代的问题,但是,我们每个人又何尝不是时代的参与者呢?所以,亲爱的同学们,我们有义务抵制这样的物化,保住你作为人该有的温度和锐度。为此,你们一定要记住:观照内心保持温度、提升自己锻造锐度。

观照内心+友爱他人+良善利他,三者的修炼,将有助于保持我们的温度。

观照内心保持温度。请你离开你的手机,丢掉你的游戏,不要成为任何事物的奴隶。你要谨记,你所沉迷的《恋与制作人》《旅行青蛙》,无非是很多人无奈的现实生活"等老公电话等儿子回家"的游戏翻版,并将现实生活的压力延续到了游戏中,它们是消磨你的温度和锐度的"杀手";多投入火热的现实生活,寻找活生生的李泽言、许墨、白起、周棋洛,经历苦痛或荣誉,让你的心在时光隧道里接受洗礼,而不是被外物所役;多读书多思考多写作,写读书笔记写日记写文章,这些都

是"练心术",它会让你沉静下来,面对你自己的灵魂;反躬自省,多回望历程,关注当下,多展望人生。当营养丰满了,心就会变得丰盈,你人生的温度和锐度就会出现,如同海洋世界里展出的水母五彩斑斓形状各异,呈现出你的光泽和温度、你的形状和气息;否则,不观照你的内心,沉迷于电子产品、旅游、美食等外物,你的内心会日益浮躁,缺乏营养,最终的你,会由水母变成海蜇,成为别人的菜肴,彻底失去你自己……

友爱他人保持温度。不要在收发邮件时不留姓不留名,人只有在做好事时才会不留姓名,这叫低调,而你那叫不懂事;不要以为老师、家长、朋友的付出是当然的,所有你当然享受的事物都是他人花费心力所提供的,所以你还是应该记得说声谢谢;但是也不要以为你口头说声简单的谢谢,就可以安享他人用无数行动所给予你的恩惠和帮助,过多的或者只会使用语言表白的爱或者谢谢,那叫忽悠或者套路,要学会用实际行动表达对别人的感谢;不要等到有事时才联络他人,你的人际关系网不要如同互联网一样落脚点在"网际"的"际",而应该重点在于"人际"的"人"。

良善利他保持温度。散发你的爱心。爱本身就是一种温度,它可以融化万物。不要总是一脸冷漠,不要事不关己高高挂起,不妨多一份善心放在周遭人和周遭事上。但凡人,皆需爱,爱就是付出和奉献。有温度的人,不一定有多大的能力能帮助别人,但他们总是与人为善,嘘寒问暖,给人带来春风般的感受。不要吝啬给他人一句话、一个动作甚至一个关心的眼神。单纯追求自己的人生幸福，不见得会幸福，但在回转寻找生命意义的过程中，学会付出和奉献，也就是学会爱，却能成就你一生的幸福。

打造个性＋提升速度＋打磨厉度，三者的努力，将会有助于锻造我们的锐度。

锐度代表了个性。 有锐度的人首先是有个性的人，他从来不随波逐流，只专注于表达自己的思想，如同有锐度的作品绝不庸俗。个性来源于天性，也来源于后天的学习，来源于你从人类文明史中继受的思想。你的天性加上继受的思想，在你的头脑中产生化学反应以后，就会变成你独有的思想，从而产生一个有棱角的与众不同的你，有锐度的你。

锐度代表了速度。 锐有急之意，锐度代表了速度。行动果敢本身就是态度与水平的体现，它表明你对同学表达的诉求、老师提出的要求、单位安排的任务的重视程度。谁又能说，所谓的拖延症，不是给自己找的一个理由呢？似乎贴上"病人"的标签，就有了不按时完成一件事情的正当理由。亲爱的同学们，当你走上社会以后，切忌标签化将自己归类，不要去找理由激发人人都有的好逸恶劳的坏天性，而要去找对策激发作为人应有的勇往直前的好天性；否则，那只会害了你。

锐度也体现了厉度。 锐度代表了勇往直前的气势，代表了做事的狠劲和投入度。中兴事件告诉我们，中国人一天不在基础核心技术上取得突破，芯片技术一天掌握在别国手中，这个

"卡脖子"工程一天不完成,中美贸易战将无休止,中国未来的发展也将变得极为艰难。然而,每一项成果的取得,从来不是轻而易举的。它要求我们具有强有力的大脑和创新性,要求我们做事有十二万分的投入、有不疯魔不成活的境界和置之死地而后生的勇气。成功不可能心想事成,成功只能去做才成。如果你对自己总是不忍心,怕自己累着了、怕自己饿着了、怕自己熬老了不美丽、怕自己晚睡了不健康,那很可能,当你一步入社会后就迅速变得"油腻",因为毫无疑问,怕这怕那的必然选择是——保温杯加枸杞会最适合你。多一份责任、多一份担当,所谓年轻人是祖国的未来,那么,当你踏上社会,说明未来已来。既然如此,还犹豫什么?如果我们中国人都有这样的狠劲和拼劲,所谓"双一流"、所谓"卡脖子"工程,一定都能实现。

亲爱的同学们,个人与世界、个人与天地,都是一体的。你的温度会融化他人与世界,你的锐度会改变他人与世界;你的温度和锐度,使青春的、最具有自我意识的、"90后"的你,充分体现出你的辨识度。在科技席卷全球、技术量化人们的工作与生活时,提高你的辨识度,正是证明"你是你"的唯一路径。希望未来的你,不要忙于证明"我妈是我妈",因为,你可能要用一生的时间来证明"你是你"。做人有温度,做事有锐度;对他人有温度,对自己有锐度——这是我对你们的嘱托。

山高水长,依依不舍;送君千里,终须一别!祝所有的同学鹏程万里。

知识与见识

——东南大学法学院 2019 届毕业致辞

2019.6.20

亲爱的同学们：

你们好！

栀子飘香，又是一年夏日至；榴花正红，又是一年暑期来。在这烁玉流金的日子，终于又到了与各位同学道别的一刻。这 6 月离别的情愫，如同 5 月纷飞的柳絮，令人鼻酸难耐；不舍，是我此刻的主要情怀……此时，我要祝贺在座的各位同学，祝贺你们终于学有所成，即将展翅高飞！同学们，你们在过去的数年里，静坐于教学楼自习室、出入于李文正图书馆、享受精神食粮于人文大讲堂、徜徉或跑步于九龙湖畔……你一定抱怨过校园的空旷，也一定享受过九曲桥头荷花的芬芳；你一定抱怨过都毕业了还没看到建好的游泳馆，也一定享受过焦廷标馆内各种活动的青春与梦想；你一定抱怨过作为理工科优势高校"我东"网站系统如此之窘况，也一定曾伫立于那崭新

的配有直饮水机的塑胶跑道旁;你一定抱怨过虽已有很大改进但仍不能令作为吃货的你满意的桃、梅、橘园三处食堂,也一定看到了"隔壁的"食堂其实都不比我们强……但今天,你即将启程远航,这一切都将成为你永久的记忆。在这离别的一刻,请收拾好你的行囊,放下曾经的抱怨或流连,放下你因师生分离但可能更多因男女朋友分离而产生的离愁别绪,收下我对你们的临别赠言——

今天,我的赠言只有一个主题,那就是:知识与见识。

首先,请你懂得,你在学校里学到的是知识,走上社会后更需要的是见识。希望你以所学的知识为基础,不断增长你的见识。

知识,knowledge,是指知道和认识的学问,它主要源于书本,具有间接性,是通过学习桥梁而获得的;它是静态的,是逻辑演绎推出的概念与符号、命题与体系。同学们,通过数年的学习,你们掌握了各种专业知识,你们掌握了当初令你们崩溃而今令你们自豪的王泽鉴的民法理论与方法,你们掌握了法治的本土资源这看似过时却又历久弥新的中国式法理命题,你们掌握了经典法学论著的内容与观点……红红的毕业证、司考证、会计证、挑战杯获奖证书等,证明你们成为知识的赢家。当你们已掌握合宪性审查与行政法基本原则的适用,学会判断工程合同争议中的焦点或者交通事故中财产赔偿的认定等各类问题时,这意味着你们已掌握了丰富的法律知识。

在座的各位同学都是"双一流"的天之骄子。但是,当你

知识与见识

走上社会后,你会惊讶地发现,你所掌握的种种法律知识可能并不能发挥你所期待的"知识改变命运"的作用,"二狗定律"竟然也存在你的身边,甚至验证它的就是你自己。谁是"二狗"?我们每个人身边都有一个或几个这样的发小,你记不清甚至不知道他们的大名,只知道他们叫"二狗""二丫"。而所谓"二狗定律"就是,你身边那个没有读过大学、小名叫"二狗"的隔壁家的发小,早已成为身家千万、亿万的富翁和两三个孩子的爸爸,而你自己,却还在为房贷苦苦支撑并被爸妈苦苦逼婚。为什么会这样?可能非常重要的原因之一是,会读书不等于会做事,学习成功不等于事业成功,而打通学业与事业之间"任督二脉"的正是——见识。你的发小也许没有系统地学过专业知识,但可能很有见识;你拥有深厚的法学知识,但可能恰恰欠缺见识。知识固然重要,见识更不可缺。

见识,understanding / insight,是指见闻和看法,是指人的识别力。它主要源于实践,具有直接性,它和学历与文凭无关,是经验的产物;它是动态的,不是固定的理论与概念,而体现为对具体事物的识别判断。见识不能从书本里、电脑中、课堂上获得,它强调的是亲历性、亲身性,是由实践获得的经验和阅历。通过认识一些你所不认识的人,参与你所没参与过的事情,到达你所未曾到达的地方,思考你所未曾思考的这些人、这些事、这些地方带给你的感受,你增长了见闻和见解,也提升了认识和识别事物的能力。"纸上得来终觉浅,绝知此事要躬行",从纸上得来的就是知识,亲身经历实践所学到的

才是见识。见识以知识为基础,但又不囿于知识,它是在知识提供的基本养分之上,通过亲身经历与实践经验,再辅之以个人消化与思考而增长的识别力和判断力。

今天,亲爱的同学们,当你们怀揣自己的梦想,肩负父母家人的期望时,请带上学校老师的嘱托:当你已经拥有了一定的知识尤其是学习知识的能力之后,你所要致力提升的,不是知识,而是见识。知识决定你的智商,见识决定你的情商;而智商只决定你的起点,情商才决定你的终点。

其次,请你明白,没有见识的知识,可能是你前进道路上的阻碍;学习知识可以拿到毕业证,不断增长见识才能获得人生的通行证。

亲爱的同学们,你们中的很多人,曾以"我要学习""没有时间"等为名而主张各种活动的豁免权与不参与的正当性。你可知道,当你拒绝参与各种学术讲座时,你错失的是见识奇葩的、可爱的、博学的、偏激的、温和的等种种不同风格的学者和学术的机会;当你拒绝参与各种学术会议和各类校园的公益活动时,你错失的是与不同老师和同学打交道、洞悉人性、锻炼自己的场合;当你为了功利性的"考中"目的——当然这一目的看似也无可非议——而拒绝报考校外研究生、一心一意只愿留守九龙湖时,你虽"鱼翔浅底"却错失了"鹰击长空"的契机;当你为了守住国内安定的生活,而拒绝学校或学院提供的出国留学的机会时,你错失的是锻造自己国际眼光和世界视野的良机……没办法,可能很多同学是属"黄花鱼"的——

知识与见识

做什么事都溜边儿。种种这些，都令我扼腕叹息，你们可知道，你所错过的不是劳力或者劳心的机会，而是增长阅历的大好时机；你所拒绝的不是知识的获取，而是见识的增长。法学知识提供给你们的是基本的概念和体系，而广泛参与各种活动、交流学习，才是训练你们在既有知识之上提升识别判断力的良机。你读书即便读到韦编三绝，但你增长的知识可能并没有用武之地，因为你欠缺实践，欠缺对各色人等、各种场合的体验和感悟。如同语音识别机器人，语料越少，人工智能 AI 的识别力就越低，何况你我的智商与 AI 相去甚远。

只知道获取知识的你，无形之中充满了大学生、研究生的高傲，那似乎是知识分子所特有的一种高傲，实际是你对知识的一种"我执我见"。这种"我执我见"决定了你所读的永远都只是你所喜欢的或者应付考试的书，它们的知识线路都那么相似，从而使你也逐渐呈现出如此自我而缺乏融合力的气质。这样的气质，当你走上社会后，可能会让你显得太高傲而拒人于千里之外，或让你容易钻牛角尖几近偏执，或让你牢骚满腹或者动辄激动万分令人敬而远之……工作中可能时常碰壁、生活中可能并不如意，到那时请别告诉我这是高等教育的结果，要明白它可能是你只顾学习知识而忽略增长见识的"成效"。

好在，现在提醒你们还来得及，希望你们不要故步自封，要训练自己把握时代大趋势的洞察力、一眼洞穿事物本质的穿透力、面对纷繁复杂的选择时的判断力。如果你欠缺洞察力、穿透力和判断力构成的见识而仅仅只拥有知识，那么你很容易

成长为一个合格的"全栈工程师",而不可能成为社会的领军人才。一代鸿儒梁漱溟先生强调哲学无非是人生实践之学,他极为注重研习知识的过程中发挥见识的重要作用,正因如此,梁漱溟先生曾这样概括自己:非学问中人,乃问题中人。他将哲学付诸实践,毕生探索人生问题与中国问题而不是死的哲学知识,也因此成为中国哲学的学术符号与引领者之一。亲爱的同学们,高等教育并非万能的,知识的传授决定了你可以拿到毕业证,但不断增长的见识才是你人生的通行证。布克文学奖被认为是当代英语小说界的最高奖项,也是世界文坛上影响最大的文学大奖之一,在 2019 年公布的布克文学奖入围名单中,湖南作家残雪是唯一入围的中国面孔。残雪从未受过学术训练,其文学成就的取得全凭她强大的抽象思维对其人生几十年来经历与见识的洞悉总结与反思。没有见识的专业知识,可能是你前行道路上的障碍;有丰富见识但欠缺专业知识,可能一样能够成才与成功。"世事洞明皆学问,人情练达即文章",同学们,请你们多多践行书本上的知识,观察世情、身体力行,洞见社会、学思相长,使自己成为一个既有知识又有见识的人。

最后,请你记住,科学技术的飞速发展,使死的知识不再受重视,知识的质更趋向于活化的能形成智慧的那部分认知,也就是见识。你必须不断增长见识,才能获得知识。

高科技万物互联的时代,同学们获得知识的途径是如此多样,课堂、手机、电脑、百度、Google,远程教育、慕课,知网、超星……知识的获取如此之便捷，知识大爆炸成为时代特征，这也注定了仅有知识是不够的，知识不再是珍稀资源。古人（当然其中主要是古代的男人）通过"读万卷书，不如行万里路"的格言所倡导的"游学四方"，以及那个时代所必须历经的数年的"进京赶考"来提升他们的见识，并且通过"头发长，见识短"这一带有性别歧视色彩的语言表达了他们既掌握了知识又收获了见识之后无限的优越感。而今天，"头发无论长短，见识可能都短"，因为你们和当代很多人一样，成为"宅男"和"宅女"。足不出户也可知天下事，所以现在的"知道分子"越来越多；但天下事也因此变为"他人事"，亲自参与的一件都没有，"井底之蛙"特别多，只不过这口"井"是由网络所织成的……经验、经历、阅历的缺乏导致人们见识的日益短浅。当见识的浅薄和知识的增多日益成正比的时候，意味着见识是如此稀缺！与此同时，高科技时代使人们增加的其实主要是碎片化的知识，也加剧了所有人而不仅仅是你们提升见识的急迫性。

你所学的知识再丰富，如果一段时间内不继续学习，原来的知识很快会落伍，这就是知识的半衰期。统计数据表明，这一期限正在高科技的助力下日益缩短，比如，医学知识的半衰期是 45 年、物理学知识的半衰期是 10 年、工程学知识的半衰期只有 2 年；而科技领域自身的知识更新甚至是一日千里，刚才学到的知识可能下一秒就被淘汰……法学呢？至少目前还没有好事者去统计它，这可能是因为，人文社会科学在所有学科中本就处于劣势，而法学失业率高，比如近年来连续三年被评为"红牌"专业，种种因素决定了法学的受关注度远没有医学、物理、计算机科学等高。19世纪德国法学家冯·基尔希曼早在1847年那场振聋发聩的《作为科学的法学的无价值性》的演讲中指出：立法者修正三个字，整个图书馆就变成一堆废纸。法学知识的速朽性和更新速度由此可见一斑，何况还多了其他理工学科知识更新中不具备的偶然性和任意性。科技时代知识半衰期越来越短，使得现代社会的知识的质也发生了变化。那就是，知识的质不再是传统社会中固化的能记诵的那部分内容，更趋向于活化的能形成智慧的那部分认知，也就是见识。培根曾说："求知可以改进人性，而经验又可以改进知识本身。"时代改变了知识，经验重塑了知识，知识升华为见识，你唯有跟上时代，不断增长见识，才能收获知识。不提升见识，不了解科技时代知识的特性及其与见识之间的关系，你所学的死的知识迟早会流失。

亲爱的同学们，请你们一定要记住：你已经在大学里学到了基本足够的知识，毕业后你要多走、多看、多做、多思、多悟，要将知识内化于心、外化于行，从而提升你的见识。万物从缝隙里生长出复杂、凡事从微小处生长出成功，除了学知，还要学事；做事不要怕失败，经一番挫折，长一番见识！事做多了，淬炼经验思考所得，长此以往，见识必长。苏东坡评价西汉初年著名才子、《过秦论》的作者贾谊有云："贾生志大而量小，才有余而识不足也。"希望你们，能够成为有知识有见识、才识兼备的张生、李生、赵生……总之不是贾生。知识越多，人越专注专业；见识越大，人越开阔大气。有了知识作基础，有了见识作翅膀，毕业后的你一定会飞得更高更远。

同学们，法律卓越人才的培养一直是国家的目标，然而，我一直以为，这里的"卓越"不仅仅是人才知识的卓越，更应该是指见识的卓越，亦即远见卓识。当今人类社会正处在一个快速发展的时代，科学技术突飞猛进、全球化竞争日益激烈、经济战争不见硝烟、恐怖犯罪暂难消绝……如此种种，无不和你我相关。每位同学身后的坐标，横轴是几经变迁的时代，纵轴是风云际会的国际国内形势。你既要有中国情怀，更要有国际视野，你既要有家天下的情愫，更要有世界眼光，只有这样，你才有可能成长为新时代所期许的领军人才。今年恰逢中华人民共和国成立70周年，伟大祖国经过70年的励精图治，而今国富民强。国家的发展离不开人才，希望在座的各位都能夯实自己的知识，提升自己的见识，力争成为中华民族伟大复兴的助推者。

亲爱的同学们，纵有柔丝千万丈，奈何无力系离舟，此时此刻，即便我有万般不舍，也要对你们说声珍重。"学不可以已"，在学校你们学了知识，到社会上，请你们继续学习见识！祝同学们前程似锦。

危机与生机
——东南大学法学院 2020 届毕业致辞

2020.6.20

亲爱的同学们、老师们：

大家下午好！

今天，我们 2020 届的同学要毕业了，在此允许我代表学院祝贺你们，祝贺你们花了数年时间终于在九龙湖畔习得了一些"游泳"技能，"后浪"即将上岸，你们要开启奔涌之旅了。

然而，今年是如此特殊，以至于我对你们即将毕业的喜悦之情无论如何都不够纯粹甚至也不够真诚。庚子年，疫情蔓延、科比离世、四川火灾、南方洪涝、中印冲突，真可谓多事之秋。今年，开心、喜悦、兴奋和激动，都被它们的反义词所替代，生命似乎蒙上了一层怎么也挥之不去的灰暗底色。歌词里说，"你笑起来真好看，像春天的花儿一样"，虽然你们的院长笑起来也好看，但是今年的我心底总是充满淡淡的忧伤……比如今天，在场参加毕业典礼的同学只有 59 人，而我们 2020

危机与生机

届毕业生人数是 147 人，还有 88 位同学没有到场，到场率 40％。这 88 位同学，你们不能身临其境接受老师们的祝福、院长的拨穗以及与老师和小伙伴们的话别，你们一定想念皇冠体育场，怀恋身处文正图书馆遨游在知识海洋的畅快感，思念桃李石前的留影与九曲桥边的荷花芳香……这是多么遗憾的事情。即便在场的同学和老师们，大家也都戴着口罩，不能拍集体合影，不能如往年一样师生共聚晚餐互道珍重。如此特殊的毕业典礼，这是全国高校学子遇到的第一次，我希望，这也是最后一次。

亲爱的同学们，突如其来的疫情，改变了世界的格局和人类生活的模式，全球同此凉热。疫情绝对是坏事，但疫情不是绝对的坏事。事有黑白之分，人有正邪之别，疫情也有疫情的价值。疫情的价值是什么？我以为，疫情唯一的价值就是反思疫情。通过反思发现"危机与生机"，是疫情带给我们的一对最有价值的词汇。

学会面对危险，并从危机中寻找生机

疫情使风险社会之风险变成了现实的危险，而危险酝酿着危机，人类要学会在危机中寻找事物发展的生机。如果疫情是人类社会的常态，那么，学会面对危险并从危机中寻找生机，将会是现代人要确立的全新生存理念，也是毕业后的你们终生要学的重要功课。

疫情为什么来？我们一直在享受着地球给予我们的一切，但是我们向养育我们的地球奉献了什么？大量肉类食品的索取和一次性用品垃圾、消失的森林与融化的北极、白色污染与汽车尾气……惭愧啊人类，除了索取几乎没有任何回馈。人类社会主宰大自然的勇气，脱离了康德主义古典哲学真正意义上的自主性——那是一种以反思辨析为路径达到理性状态的自主性——而发展为一种纯粹主观意愿的正当性，从而盲目追逐外物满足自己的奢欲。野生动物成为人类的食物，抽象的风险终于变成现实的危险。然而，丘吉尔说过："不要浪费一场好危机。"每一次危机，都是一次压力测试，都隐藏着机会。吉登斯认为，"生活在高度现代性世界中，便是生活在一种机遇与风险的世界中"。风险社会，人人都要学会通过危机寻找生机。

亲爱的同学们，我知道你们中的很多人身在疫区，也了解你们中的一些人就业尚未有转机，恋人未满、前途未定、疫情未消……种种苦闷也许冲淡了你毕业的喜悦，个人自身发展的忧思也许代替了你对危险的反思。然而，时代选择了你们，你们没有退路。即将踏上社会征途的你们，要抓住时机，反思危机、寻找生机，丢掉抱怨、丢掉丧气。芒种过后，众花皆谢；然而，花谢正孕育了第二年的花开。面对风险要确保安全，安全之后则要寻找发展之生机，国家、单位、个人莫不如此。危机是大考，也是脱颖而出的机会，希望你是那个有智慧的人，通过危机找到生机，打败疫情怪兽，尽享"王者荣耀"。

危机与生机

及时采取行动,把危机变为生机

　　社会学有一条原理:正常的东西支撑社会的运作,反常的东西导致社会的变化。疫情终将并正在导致世界的变化,各国正在谋求行动改变现状。那么,我们的同学在疫情之下究竟是行动派、逍遥派还是继续立足于拖延派?中国法学一直致力于建立自己的流派,法学流派是否建成尚未可知,但越来越多的年轻人成为拖延派确是不争的事实。"拖延症"是近几年最热门的名词之一,仿佛每个现代人尤其是年轻人都逃不出它的"魔爪"。疫情不但让我们见证了"集中力量办大事"的国家制度的优越性,也让我们见证了或高尚或卑鄙或幽微的人性,更让我们发现了同学们差距甚大的自律性。当"宅生活"变成"云生活",线上教学成为常态,那些以往要花好大力气才能请到的大咖纷纷成为直播网红,免费听课成为疫情发给大家的福利,危机中蕴含了无限的生机。可是,很多同学根本不珍惜这一切。疫情加剧了相当一部分人的拖延症,我们的好多同学就是如此。在疫情持续的几个月间,有的同学几乎什么都没有做,在线课程一次未听、与导师长期失联、毕业论文一字没动,"拖延症"在疫情隔离的作用下终于发展为"拖延癌"。

　　同学们,你们今天能顺利站在这里毕业,可曾知道学院和老师为你们付出了多少心血?当你们"待在家中为国家做贡献"时,你们应该发现正是医务人员夜以继日的行动遏制了疫

情；行动，才是改变世界的力量。危机中蕴含着生机，及时行动把握时机才能将危机变为生机。2003年"非典"期间，阿里团队员工参加广交会时感染非典被隔离，马云把握时机，及时推出了在线办公系统并将业务由线下转向线上，创立了淘宝和支付宝，这才有了今日的互联网行业巨头。2020年的今天，很多单位选择了在线办公，腾讯会议第一时间面向全国用户免费开放了300人会议的协同能力并将持续至疫情结束，同时还根据全球疫情需要研发上线了国际版应用程序，这些举措使腾讯会议在面世后短短几个月的时间内，外部用户从零做到千万以上，并顺利成为今年联合国纽约总部的全球合作伙伴，腾讯市值陡升。对于有准备有头脑的人，危机蕴含的是机会，对于被动且无行动的人，只有"危"没有"机"。

　　行动不仅仅有助于将危机转化为生机，行动还可以帮我们对抗危机中的焦虑。疫情期间很多人忧思成疾心烦意乱，日夜追踪疫情消息没有一刻内心安康，疫情过后，如何警惕创伤后应激障碍（PTSD）将成为全社会关注的问题。然而，如果你在关注疫情的同时，及时采取行动去做些什么，比如多写几篇文章、多听几次课、多做志愿者、多运动多跑步……这些都会极大缓解你的内心焦虑，有助于你的心理健康。因为行动本身具有强度与专注度，它会让我们暂时忘记琐碎的日常并告别自己的烦恼，它会让人体会到坚持与收获的愉悦，并使我们拥有力量和勇气。亲爱的同学们，面对危机，是坐以待毙，还是伺机而动，全看你们自己。

危机与生机

领悟风险治理，抓住危机蕴含的社会治理之生机

在座的各位同学都是法律人，作为法律人，我们对疫情的反思终归有些不同于非法律人。法律人的初级目标是解决纠纷，终极目标是治理社会。正如吉登斯所说，人们日益生活在高科技的前沿，无人能够完全明白，也难以把握各种可能的未来，人类或许无法预知未来，但可以预先做好准备。面对各种社会风险以及未来社会的各种不确定性，如何从主导与多元、个体与社会、中国与世界等辩证关系的角度思考社会治理，应该成为未来我国治理能力现代化中的重要问题，也应该成为今后作为社会中流砥柱的你们应该思考的问题。

在治理风险方面，有不同的路径。贝克强调制度主义，鲍曼主张伦理与政治的双重策略，而我更赞成拉什的风险文化理论。即是制度以外的边缘领域，包括习惯、无意识、身体的习俗和未被考虑到的范畴等边缘文化导致了社会结构的无组织状态，人类社会应该努力用诸如环境保护运动、绿色运输之类的亚政治运动去防范和化解风险。如果你反思了风险治理的种种理论，你将会意识到梭罗所说的"多余的财富只能够买多余的东西，人的灵魂必需的东西，是不需要花钱购买的"是多么的正确；你可能学会"荡除生活中所有花哨的东西"，会去改变我们以往的生存方式，砍掉没必要的工作会议，减少不必要的生活聚会，去掉多余的衣服家具，减少碳排放，吃简单的食

物，住大小合适的房子，让你的灵魂轻舞飞扬。一旦你做到这些，你就实现了自我治理。"有余力，则学文"，实现了自我治理，身心轻松的你，才不会为外物所役，才能身心轻松地投入到你喜好的工作和热爱的事业，在不经意间，你的社会治理目标可能就会实现。从大处着眼实现社会治理，从小处着手先完成个人治理，二者通过实现拉什的文化风险理论得到完整统一，风险危机酝酿了法律人实现社会治理目标的生机。法律人的社会治理目标如何实现这一看似宏大的命题，通过自我治理的实现可逐步达成。这和古人说的"修身齐家治国平天下"有异曲同工之效，但前者是基于风险社会对个体之倒逼且借助风险理论而实现，后者则是基于个体主动之自发且借助圣贤之求而达成。

亲爱的同学们，你们即将扬帆起航乘风破浪，此去山高水长征途漫漫，望君多珍重；虽有万般不舍，也需解缆起航。老师是你们的后盾，学院是你们的家；当你们参透了危机，找到了生机，发展了自我，成就了伟业，不妨回学院看看，和老师侃侃。

愿同学们谋生谋道，法行天下。

祝同学们前程似锦，止于至善。

以正义为业

——东南大学法学院2015级迎新致辞

2015.9.1

各位亲爱的同学、各位老师:

你们好!

今天,在开学季的第一天,九龙湖畔迎来了她新的主人——朝气蓬勃的、2015级的本科新生和研究生新生们!在此,让我们以热烈的掌声欢迎你们的到来!

同学们,你们历经了大浪淘沙的历练、考研大军的磨炼,终于汇聚一堂,来到了东南大学法学院。你们用多年的奋斗与努力、青春与汗水、成绩与骄傲,证明了你们的不平庸、不平凡。从今天起,你们不再是嗷嗷待"辅"的高中生,而是远离父母、独立生活与学习的大学生;从这里开始,你们将为自己的人生各负其责。你的行动、你的思想,将决定你现在、以后及更遥远未来的格局与成就。

同学们,来到法学院,意味着你们中的绝大多数人甚至是

全部,在以后的岁月里,将会成为一名法律人。因此你们也可以说是"以法学为业"的人,这里的"业",指的是学业、职业,还意味着事业。作为法律人,你们必须谨记,法包含着一个民族经历多少世纪发展的故事,因而不能将它仅仅当作数学教科书里的定理公式来研究。美国大法官霍姆斯说过:为了知道法是什么,我们必须了解它的过去、现在以及未来趋势。对于法学的学习,我们要拒绝一叶障目、盲人摸象似的学习方法,而要学会窥一斑而知全豹、见微知著。就像穿越剧里那样,"上穷碧落下黄泉",得其究竟者,方为法学专业学习之道。

与此同时,比方法更重要的是理念——法学学习的理念、做人的理念、做事的理念。这个理念就是"正义"二字。选择以法学为业,意味着你这一生的理念将与正义为伍。因为,正如古罗马法学家乌尔比安所说的,法学是关于神事和人事的知识、正与不正的学问。这决定了,缠绕在法律人头脑中的思维将是"何为正与不正",对正义的探索将围绕你的终生。可以说对法律人而言,正义就是法律人的信仰。

正义是人世间最高的美德,是推动国家前进的动力。除了要坚守正直生活、不危害他人、各得其所这一正义的底线,我们还要践行"法律是治国之重器、良法是善治之前提"这一法律人治世治国之准则;我们更要追求纯粹的、永恒的、绝对的正义观念。而对最后一点,也许你觉得遥不可及,也许你怀疑它的存在,但这不要紧。人类浩瀚长河中法学先知的经历告诉我们,只要我们有意把无限的信仰与深邃的人类理智结合在一起,忘我地投身于活生生的现实,坚持不懈地努力探索可探索之物,而对不可探索者也静静地予以尊重,那么,就会找到正义的真谛,同时也将是人世间法则的真谛。如果你孜孜以求而未得,那么,至少你将成为一位歌德式的英雄人物,你在探求正义过程中的每一点进步,将证明你完成了托尔斯泰所说的人类被赋予的另一种工作——精神的成长。而这,可能也是终极正义中的一部分。

亲爱的同学们,当在这里我以寻找似乎空洞的正义观来要求你们时,似乎昭示着大学法学院学习内容的空洞无物、学不致用,甚或"误人子弟"。也许的确如此。在此,请你们改变一个观念,那就是对大学的偏见。大学,也许学的、应该学的恰恰就是一些看似空洞无物的知识。我们每位同学——不论是在座的法科学子,还是其他专业的大学学子,都希望通过大学的学习掌握一种技巧、一种技能,以便将来就业谋生。这个想法并不错,一般情况下也都能实现,然而,很多时候,你也会发现:所学难以为你所用。对大学的抱怨和失望可能由此而开始。但其实我们误解了大学的功能。大学不是培养人的专业技能,甚至也不是灌输一些静态的知识,而是培养人的独立思考和价值判断的智识能力、培养人的独立人格和气质,让人学会对世界上纷繁复杂的事物作判断,同时养成人的大眼光、大境界、大胸襟、大志向;不是为了就业,而是为了成人;不是为了一己谋生,而是要为天下人谋生,谋天下之太平,争人类之

福祉。换言之,大学是培养精英的摇篮,尤其是对于一流大学而言。可见,"大学"的内涵,至少不是我们今天讲的对于技术的学习,而是塑造人格、培养智识、改造社会。

亲爱的同学们,法学是有关正义与不正义的人类根本事业,法科学子是经世治国的栋梁之材,当你在大学四年甚至更长的时间内,习得了关于选择的能力、判断的能力、对何为正义与不正义的鉴别能力,那才意味着,你在法学院多年的学习是成功的!曾经的东南大学法学院,人文荟萃、名流云集,缔造了民国时期曾经的辉煌。今日的东南大学法学院,正在重兴的道路上奋进,让我们携"以正义为业"的法律人之目标,在铸造东南大学法学院辉煌的道路上共同前行。

同学们,最后,请允许我代表全体教师,祝你们在东南大学新的学习环境中学业进步、身体健康、心想事成。

愿心与愿力
——东南大学法学院校友理事会2019年年会暨发展基金大会致辞

2019.12.20

各位亲爱的校友、各位嘉宾：

你们好！

今天，是东南大学法学院校友理事会2019年年会暨发展基金大会召开的日子，在此，我谨代表学院对各位校友的到来表示热烈的欢迎！感谢各位校友和嘉宾的支持，使得今年年会的人数更多、气氛更热烈！

各位校友、各位嘉宾，就在上个月的16日，我们召开了东南大学校友会法律分会的成立大会，刚过一个多月，我们又召开法学院校友理事会2019年年会暨发展基金大会，如此频繁地叨扰大家，我内心其实非常不安。而这一切的原因，都是为了学院和学科的发展，感谢你们，我亲爱的校友们，以及社会各方贤达、各位爱心人士！

今年年初在全院工作大会上,学院确定的工作目标之一是:希望今年学院发展基金工作要更上一个台阶。但彼时,我完全没有意识到今年的经济形势是下行的。2019年春节期间网民热议的"车厘子自由"应该引起我对今年经济形势的警觉,很遗憾我没有。在如此艰难的经济形势之下,今年一年的基金会工作之艰辛可想而知。然而,不期而至的结果却让我感到意外和惊喜。难道我上辈子拯救过银河系,所以让我这辈子遇到了你们?回首一年,我以为,是我们和各位校友以及各位贤达爱心人士的愿心和愿力所致;愿心大,愿力大,所以结果才好。

愿心与愿力是一对孪生兄弟。人活在世,总要做事;但凡做事,总望事成。然而,如何做成一件事,确是费心劳神。当人生历经了栉风沐雨和航海梯山之后,人们可能越来越能体会到,做事的起心动念或者说心之所愿,殊为重要。做事的愿心越大,愿力越大,事越易成,正所谓:"心之愿与身之行,此二相资而成大事。"

愿心,由心愿而构成,带祈愿之成分,有发愿之效果,但最终要有行愿之愿望。也正因为如此,愿心不同于心愿:它有心愿的成分,但超出了心愿的静态体现,而是呈现出动态的内驱力。常常听到人们说,这人做事"愿心不愿意",那表明,其实做事者基本上是不愿意的。愿心不强,表明心意不定、意志不坚,行动力自会削弱,何来成事之说?但凡世人皆向往成功,殊不知成功并非纯客观外在结果,成功的种子只在坚定的心田里发芽。挣多少钱、开垦多少学术园地、募捐多少社会资金、进入何种学科排名……种种事情，或庸俗或高雅，或功利或纯粹，或大或小，没有一项离得开愿心。这种愿心代表了你将投入的力量、消耗的心血；愿心强烈，你就会全身心投入做事的过程之中，从而可能早就忘记了对结果的功利追求。结果这个东西，就像手里的沙子，越是紧握越是溜得快，当你不再在意它时，它却悄然而至。而你，在做事的过程中，体会了纯粹做事的快乐，收获了过程哲学赋予你的体验；人生，也就在做一件件事的旅程中逐渐丰盈。当我们学会了凡事"皆先标其心，而后成其志"，我们做事时才会少一些抱怨，多一些求诸己心，才会少一些计较，多一些求诸行动。

如果说"愿心"正乃"心之愿"也，那么愿力，则乃"身之行"也。

人们的心愿或者愿望都是有力量的，这种力量，就是愿力。如果说愿心主要体现为人们主观的层面，那么愿力更加体现为客观的层面，它代表了愿望的力量。愿心代表内心的坚定之意志，愿力代表了外在的坚定之行为。"金刚非坚，愿力最坚"。在人生的道路上，尤其是在做事的过程中，人难免因艰难困苦或畏难之本性而有所退缩，这个时候，如果有愿力来支撑，如果你认定再高的山、再险的途也誓不退转，那么，何愁不到目的地？

我曾经看到过一个跟愿力相关的故事：我们通常习惯于"从 A 点到 B 点"的模式，即具备的条件，决定了到达的地方。比如，我有一双脚，最多就只能到十公里处；我有一辆自行车，就可以到五十公里处；我有一辆汽车，就可以到一百公里处；我有一架私人飞机，就可以到一千公里处。而目标倒推思维却常常是"从 B 点到 A 点"——先确定要去什么地方，再创造出所需要的条件。如果想要到一千公里以外去，就得创造出能让自己到一千公里外的工具或方式。在我看来，"先确定要去什么地方"其实就是愿力，愿力所指，去向清晰；虽可能力有不逮，但在愿力推动下必定能够创造出所需要的条件。这不是不切实际，但一定是有理想之人的志存高远。如同我们 2019 年度法学院基金会的活动，如果我们一开始就认为，我们的校友太年轻，最大的才 40 岁，我们只能募捐有限的基金，那么我们绝对不会有今年的成绩。因为愿力大，投入的行动力度也大，结果自然不会差。

　　人们在做事时都希望超越自我，而超越自我，除了依赖于自己的实力，其实更在于人在特定情境下的情绪化张力，这就像运动会被赛场上的气氛激发出来的爆发力，它虽然具有感性和特定性，但一旦产生便势不可当。如果说愿心是具象化的目标，那么愿力则是锻造实力和激发张力的良机。人的愿力越大，做事时产生的张力就越大。如果太依赖于现成条件，成功只能靠运气；如果没条件就创造条件，通过愿力，发大愿，超越自我，成功就会掌握在自己手中，正所谓"愿力无穷"。同时，愿力所指，应该是为社会为他人，而不是为了一己之私，否则不叫大愿，而叫狭隘之见。有一段话说得特别好："愿力，

愿心与愿力

各人有各人的愿力,不必问别人的愿力,先问自己愿为大众做什么。例如,我愿作一艘船,载运行旅;我愿作一条路,供人行走;我愿作一棵树,普荫大众;我愿作一头牛,为众效劳。愿力成就,所作一切自然就会成就的!"

各位亲爱的校友、各位嘉宾,人是需要在人间烟火中生活的,那里有一种叫生命力的东西,在关键时候,它能赋予我们活下去的勇气;人更需要在一定的压力中工作,那里有一种叫责任心的东西,在关键时候,它能赋予我们前进的动力。当我们在生活工作中面对和处理每一件重要的事情时,如果能做到既有愿心又有愿力,那么,奇迹就会来临。

做事之本,发心为首立愿为先。心之愿与身之行,此二相资而成大事。如果人生是一场修行,你的愿心和愿力,将会助你此行圆满。

各位校友、各位嘉宾,今天的会议,我们为你们准备了有东大 logo 的文化袋,还有象征着"一辈子"的杯子,杯盖上面有温度显示,它代表着我们学院的文化之一——温度与锐度:做人有温度、做事有锐度。虽然并不昂贵,心意却是赤诚的,希望大家喜欢。

再次感谢大家。祝各位校友、各位嘉宾身体健康、工作顺利、生活幸福。

祝福东大法学院明天更美好。

关注力与发展力

——贺东南大学校友会法律分会成立

2019.11.16

各位领导、各位老师、各位同学、各位亲爱的校友：

大家上午好！

今天，东南大学校友会法律分会的校友们济济一堂，共聚榴园宾馆，共忆校园时光，共话法科发展。值此盛事，我谨代表学院师生对各位校友的到来表示诚挚的欢迎，也对东南大学校友会法律分会的成立表示热烈的祝贺！

校友们，不管你们的学历是什么，也不管你们今天从事什么工作，你们都有一个共同的身份——东大人；但同样的身份也可能对今天的校友活动有着不一样的感受，有的校友可能非常积极组织或参加，有的校友则随大流，有的校友可能不太愿意，有的校友甚至非常抗拒……不过，在我看来，各种心情都是可以理解的。因为在当下，各种校友活动好像都有些变味，似乎学校组织校友活动都只是为了那一个字，这个字是什么，你们懂的；又或者，似乎校友活动只是所谓成功人士的聚会……种种迹象表明，反思校友活动的目的和意义，显得极为必要。任何事物都有一个元问题，比如人生的元问题是"3W"，法学的元问题是"什么是法学"和"为什么要有法学"。因此，值此校友盛会，我不禁要问自己，也问大家一个校友活动的元问题：为什么要做校友会？

从 2017 年成立东南大学法学院发展基金以及举办各类校友活动开始，三年里，我一直在做，也一直在思考，今天，终于有了我自己的答案，可能各位校友未必赞同，但我仍然想将它分享给大家。为什么要做校友会？凝聚关注力，形成发展力。凝聚校友们与学校相互之间的关注力，将关注力转化为相互支持的发展力，推动校友与校友、校友与母校之间资源共享、共促、共发展，从而践行我们在入学时常说的"今天母校以我为荣，明天我以母校为荣"这一目标。

当今是以互联网科技为引领的科技驱动型社会。互联网的最终目的便是万物互联，当我们有了移动终端的时候，就全面步入了万物互联时代，也就是当下所处的网络 3.0 时代。2019 年 8 月 30 日，中国互联网络信息中心（CNNIC）在京发布第 44 次《中国互联网络发展状况统计报告》。报告显示，截至 2019 年 6 月，我国手机网民规模达 8.47 亿，网民使用手机上网的比例达 99.1％。要知道，在 2017 年年底，这两个数字分别是 8.17 亿和 98.6％，手机上网已成为网民最常用的上网渠道之一。这些数字和我们今天的校友活动有关系吗？有！网络

3.0时代是全方位互动的时代，是提供个性化、互动性和精准的应用服务的时代；用户的应用体验与分享，直接决定了一个行业的生死存亡。网络3.0时代的这一特点，催生了流量经济、粉丝经济。网友的关注力可以演变为生产力和发展力。关注力是一种与网络时代相适应的新型力量。苹果、谷歌、脸书之所以成为引领世界的企业，正是因为关注和使用的人多；腾讯微信之所以在社交媒体独步天下，也是因为关注的人多；社会热点之所以成为热点，还是因为关注的人多。

网络3.0时代，大家纷纷争抢的是网民的关注力，尤其是持续的关注力。所以，各位亲爱的校友，校友会活动正是通过提供一个类似于网络的平台，将所有校友凝聚在一起，形成校友与学校之间的相互关注力，并最终转化为发展力。以往我们对校友活动的认识，过多停留于或者着重于校友对学校物质层面的支持，"谁捐款盖了一栋大楼"总是成为大家热议的话题。但是，我个人认为，以获得更多捐赠为主要内容的校友会活动，是与传统工业社会相适应的；以获得更多关注力为主要内容的校友会活动，则是与网络时代相适应的。在万物互联的网络时代，校友对母校的关注，本身就是一种力量，是一种可以推动母校发展的力量，所以，关注力也是发展力。对学校微信公众号的关注、对母校新闻的及时浏览、对母校成绩的推文点赞、对令你心动的老师和同学投票、对让你动容的成绩纷纷转发、对母校办学存在问题的建言献策、对母校活动的亲力支持、对母校成绩的口口相传……这些，都是我理解的关注力；

关注力与发展力

这种关注力，就是母校发展的原动力。捐款"走账"固然不易，关注"走心"实则也难，尤其在这个纷纷扰扰的时代。传统校友会的工作方式或许能把握住最尖端的个别校友，但是没有使凝聚力和发展力得以最大化实现，因为缺乏广大校友的关注。校友的力量，绝对比在校生的力量更强，在校友们的日常生活和工作中体现对学校的关注和支持，就能在母校发展的关键时候起到意想不到的效果。各位校友对母校发展持续的关注，哪怕是默默的关注，只要它存在，母校都能感受到并转化为前行发展的力量！

校友的关注力就是发展力。数年来，正是无数校友们的关注和支持，内化为了我推动学院工作的原动力；校友们的关注，让我觉得背后有无数双眼睛在看着我、鼓励着我，让我的内心充满温暖和前行的力量。有的校友总是非常关注母校的各种活动，会在每次活动的新闻报道后留言，久而久之，每当看到这样的留言，我心里的疲惫就一扫而空，似乎所有的付出都值了。有的社会贤达人士非常主动地给我校捐赠，还没有看金额大小，我就被其留言深深打动，因为这位爱心人士充分肯定了东大法学从零开始到今天的日新月异，代替我回顾了筚路蓝缕的创业历程，也让我明白了十余年的青春岁月"时间去哪儿了"，看完这样的留言，眼泪在我眼眶里打转，内心备受鼓舞。有的校友常常在某个不经意的时刻，假装无意地提到：嗯，还是东大更好吧！听闻此话，我内心的温暖久久不去，前行的步伐也更加坚定。有的校友为了学院发展，动用自己的资源集结

各方力量,比如东南大学连云港校友会法律分会成立时,各位校友牺牲周末的休息时间支持校友会的工作,还有连云港校友们热切的眼神,这些都一直留在我的心间。又比如今天召集和成立东南大学校友会法律分会,筹备组的同学们都付出了无数心力,这些,也都令我感动。

  同时,有了校友会,也能够形成母校对校友的关注。就在这两天,很多高校的校友会深圳分会都设立了援助点或者驿站,欢迎并帮助那些从香港来的大学生,免费提供车辆接送、住宿等服务,成为校友们温暖的落脚点。就在上个月,我的母校校友们,为了帮助一位突然生病的校友而主动发起募款,一天之内筹款近 10 万元,让生病校友及其家人感动万分。对于创业的校友,母校能够提供坚强的后方支持;对于校友的成绩,母校总是忍不住分享并传递。

  校友与母校之间的相互关注,助推双方共同发展。关注力是与网络时代相适应的新型力量,也是我理解的做校友会活动应该形成的终极目标。我希望我们的校友会能够与众不同,培养出自己独特的气质,这是东大的气质,也是时代的气质,更是引领的气质,是以"关注力与发展力"为主导的气质。我希望各位校友放轻松,不要有任何包袱,不要在意自己有没有俗世意义上的成功,校庆的主角是你们每一个校友,而不是前面加了某种定语的校友。这也是我们校友会的历次活动从不设主席台的原因,因为在我们眼里,每位校友都是同等重要的。成立校友会,是为了让毕业后的你们,能够常回家看看;成立校友会,也是提供一个平台让你们共同关注母校当下的荣耀;成立校友会,更是为了让你们时刻关注母校的发展,实现校友之间、校友和母校之间共享、共促、共发展。各位亲爱的校友,校友会是你们的温暖之家。

感谢各位校友。再次祝贺东南大学校友会法律分会的成立。

心有猛虎 细嗅蔷薇
——东南大学女性沙龙发言

2014.12.28

各位老师好!很高兴今天有机会来参加东南大学女性沙龙。人在旅途精彩无限,作为一位女性,如果要在这个世界上得到独立而充分的成长,实现人格的充盈和人生的丰富,应该如何去做呢?我以为,"心有猛虎,细嗅蔷薇",这八个字,可以作为女性成长的八字箴言。

"心有猛虎,细嗅蔷薇",这句话出自西格夫里·萨松的诗《于我,过去,现在以及未来》。这是对我自己一个很好的解读,我就是这样的一个人,我的心里有猛虎在细嗅着蔷薇。我们今天的沙龙是女性沙龙,现代社会也很喜欢区别男性和女性,但就像诗人余光中所认为的,人性是有两方面的,其一是男性,其一是女性。就像林青霞的荧幕经典"东方不败"一样,这种既体现男性美,又有女性美的形象是美中极致——飒美。心有猛虎,细嗅蔷薇,恰好表达出了这个意思。蔷薇代表

心有猛虎 细嗅蔷薇

的是内心的理想，它很细腻、很灵动。而猛虎代表的是外部的现实，要务实，要入世，要爽直，要生机盎然，要豪情满怀，要勇往直前。我之所以喜欢这句话，是因为我认为女性应该体现出自身的娟秀、淡定、细腻和优雅，同时，我们的行动、语言和做法要体现出果断、飒爽。当我们做事的时候，忘掉性别，只要是自己力所能及的范围就要一往无前，且豪情万丈；当我们做人的时候，则可以细腻淡定一些，体现出蔷薇姿态。而在精神上也要体现出蔷薇的姿态，要淡泊，要甘于寂寞，将个人对物质和虚名的欲望压到最低，精神之花才可以最完美地绽放。人在精神上要像蔷薇超凡脱俗，在行动上要像猛虎务实入世，保持不灭的信念，有一颗坚定守恒的心，持之以恒地付诸行动。

我非常不喜欢现在到节假日被平台异化了的"买经济"，它所卖的基本上都是国外的一些大品牌，国内的都是一些非常普通的家居物品。通过购物消费刺激的 GDP 都流入国外的制造商，平台所挣到的只是低端的"过路费""搭桥费"，让大家在一个低水平的生产线上维持。中国经济的发展需要的是像华为一样创新的制造业，真正做出了一个产品，而且这个产品走向了世界。就像不断在消费没有产出的购买经济一样，没有产出的人生是让人恐惧的；真正的幸福不是来源于消耗和享受，而是来源于真正做成一件事情的满足感和成就感。我们一定要追求有产出的人生，没有任何产出，只是重复地购买或做一些重复的琐事是没有实际意义的，因此在行动上我们要像猛虎扑食，有所产出。中国科学院院士任咏华教授在被问到作为女性学者如何在理工科中取得成就时，她回答说，并没有觉得女性的机会少，只是很多女性自己放弃了机会，如果他们专心地去做，也可以做得很好。我特别喜欢这句话，其实很多女性的灵气、勤奋是超过男性的，作为女性想要成长，第一要自律，第二要自强，第三要自立。自律是你能够严格管理自己的时间，在别人玩的时候要去学，否则家事一来，你什么事都做不成；自强是指人格的强大，能够像猛虎下山一样，在行动中一往无前；自立是指任何时候都要记住自己是个独立的个体，要完成自己的生命价值，而不是"我的丈夫如何、我的孩子如何"，你要记住那都不是你。女性要有自我意识，要抛却从属意识。只有自我足够强大了，你的家庭、生活和工作才会做得更好，人生才会更幸福。

女性在生活上是蔷薇姿态，在工作中是猛虎作风，家庭和工作互为本末，不舍本也不逐末。对待名利应是蔷薇姿态。做人应该将"贼光"去掉，让"宝光"闪现。"贼光"是外在赋予你的地位和名衔，"宝光"则是你由内而外的积累和底蕴。因此，不必太在意外在的东西，如果有了，利用不好，反而成为"贼光"，不是真正属于你由内绽放的"宝光"。对待挫折应是猛虎的作风，要面对它，接受它，处理它，放下它。我们做人做事一定要不耽于名利，不困于挫折，履行自己的职责，像花儿一样绽放，实现自己独立的价值。心有猛虎，细嗅蔷薇。谢谢大家，今天跟你们的分享很开心。

法律人的别离与寄语
——东南大学法学院 2014 年毕业致辞

2014.6.20

亲爱的同学们：

你们好！

在这样一个火热而又充满激情的季节里，我们迎来略带伤感但又充满期待的"离别季"。在一年四季中，我们用绿色形容春天，用黄色形容秋天，用白色形容冬天，唯独对夏天，我们用五颜六色。夏天是火热的，这从夏天的高温中我们就能感受到；夏天是激情的，这从如火如荼的巴西世界杯的赛程中我们就能体会到……在这样一个季节里的离别，注定了伤感只是短暂的，以饱含激情的心迎接新的明天，相信是我们 2014 届学子每个人现在的情绪状态，因为，我们是理性的法律人。

在此毕业之际，请同学们谨记法律人的理念，实现自我，成就人生。法律人的理念是什么？闻名于世的古罗马名著《法学阶梯》中有一句话："法学乃正义之学。"正是这句话，使得正义成为法律的价值诉求；追求正义与公正，也因此成为法律人的理念。法律人——从事法律职业的共同体——作为法治理念最忠实的践行者和实施者，理应成为社会正义的捍卫者。当同学们明天走上各自的工作岗位时，也许你们用不上在学校里所学的知识，也许你们也忘记了曾经所学的法律概念或者公式，但是，作为一个法律人，无论从事何种工作，你们都不能也不应该忘记法律人的理念。有了这样的理念，相信在工作、为人处世以及看待世界的方式上，你们不会随波逐流失去自我，并终将对社会的发展与进步起到自己的作用。

秉承法律人的理念，实现自我，成就人生。人生没有输赢，只有过程。从今天起，每位同学要在新的人生起点上奋力拼搏。同学们在事业的发展、职业的规划等过程中必须保持清醒的头脑。要知道，这些事情是你们应该追寻的，但人生的更高价值是实现自我，实现生命的价值，了解生命的责任，充分发挥自己的所长，为这个芸芸众生所构成的社会贡献你们自己的力量，一起为社会共同体的进步奉献你们作为法律人的努力。哪怕在这个过程中你没有获得通常意义上的成功，但我认为，这样的人生才是有价值的。就像《老人与海》中的主人公，哪怕一无所获，仍为世人所称道。恳请同学们抛弃当下时代人云亦云的"成功学"，不要以此来衡量各位未来事业的得与失。作为法律人，重要的是你要有一种乐观自信、昂扬向上的气质，有一种永不满足、不甘于平庸的"浮士德精神"。只要你付出过、努力过，无论结果如何，在我看来，你都是成功的，因为你真正做到了"实现自我，成就人生"。

同学们，人生是一个不断成长的过程，从小学生到中学生到大学生，二十年左右的求学经历终有一天会结束，我们终将告别校园，站在人生新的起跑线上，工作、结婚、生子、买房……开始各自烦琐而又新鲜的生活。注意，这里说的是"生活"，这决定了今后各位同学人生旅程的主要内容不再是"学习"，至少不是如同在校园里这般单纯而又集中的学习。这就注定了大学生的校园岁月——对于大多数人来说显然是最后的校园岁月——将永远被定格为不同于俗世生活的成长记忆。从这个角度来说，学校不是学校，学校是青春的密码，是青春全部信息的数据接口。校园里青春的味道，青春成长中的种种属于个人的独有记忆，与我们在课堂上学到的知识，与我们的老师、我们的同学，一起成为我们每个人的精神故园。当同学们在工作与生活的辛劳中感到累了、倦了的时候，欢迎你们回来，回到圆顶大礼堂楼下转转、九龙湖畔看看，也许，这能让你们的心灵获得片刻的休憩……

祝同学们毕业快乐！祝你们的明天更美好！

人生态度决定人生高度

——东南大学法学院 2014 年迎新致辞

2014.9.3

亲爱的同学们：

你们好！

在这秋高气爽、丹桂飘香的九月，美丽的九龙湖畔又迎来了一批年轻的面孔。几经奋斗，久经拼搏，各位同学披荆斩棘，终于以骄人的成绩考入了东南大学这所百年名校。在此，请允许我代表东南大学法学院全体师生，对你们的到来表示最热烈的欢迎。

同学们，你们的人生即将翻开崭新的一页。在这里，你们将学会独立生活与思考，并将必然思索大学的意义、人生的方向、生命的价值等种种问题。在同学们新的征程即将扬帆之际，在你们开始思考种种问题之前，我想问大家三个问题：

跑得比光速还快，瞬间能穿越银河到达遥远的地方。这是什么？

跑得比乌龟还慢，当春花怒放时，它还停留在冬天；当头发雪白时，它还是小孩的模样。这是什么？

不前进也不后退，没出生也不死亡，始终漂浮在一个定点。这又是什么？

答案都是"思想"！它们是思想的三种表现，同时也意味着三种不同的人生。

第一种是积极奋斗的人生：当一个人不断力争上游，对明天永远充满希望和信心时，他的心灵就不受时空限制，总有一天会超越自我，驭宇凌空。这种人注定会成功。

第二种是懒惰的人生：他永远落在别人后面，捡拾他人丢弃的东西。这种人注定会被遗忘。

第三种是醉生梦死的人生：这种人从不努力，苟且偷生，没有任何机会来敲门，不快乐也无所谓痛苦。这种人注定是悲哀的。

三种思想与三种人生之间的关系告诉我们，不同的思想境界决定不同的人生格局，播种怎样的人生态度，将收获怎样的生命高度！当同学们离开高中、大学，在更高的层次上开始进一步的求学之旅时，请你们一定要谨记：人生态度决定人生高度！人的一生中，要紧处只有那么几步，如何使自己的大学校园生活乃至自己的生命更有意义，态度至关重要！

我希望同学们树立远大的人生志向，以时代主人的姿态，以舍我其谁的气概，以对国家与社会的责任感，投入到崭新的

法律人的谋生与谋道

校园学习生活中。

当下中国，经济蓬勃发展，物质极大丰富，人们的思想极大解放，但是，国家与社会面临的问题也是前所未有的。国际社会动荡不安，中国主权与周边安全受到严重威胁，民族经济发展隐患重重，民主法治建设任重道远，环境破坏与资源保护、食品安全与基因战争……种种问题令当下时代的每个人都不能回避。我们每位同学都应该树立一种"家国天下"的情怀，"先天下之忧而忧，后天下之乐而乐"，努力学习提升自己，他日成才以报效国家与社会，并在此过程中追求自己的人生幸福！没有这种忧患意识与远大理想，没有这种志在报国的高远人生态度，中国的发展将无所寄托，社会的进步也将是空谈，个人的人生更不可能达到一定的高度。因为，你们青年一代，是祖国的未来。

同学们，当下社会，网络与信息消费着人们的大量甚至是主要的精力，玩物丧志成为部分人的真实写照。我希望你们在这样的大环境下，能够保持清醒的头脑，既能独善其身，又能兼济天下。我衷心希望同学们在东南大学法学院未来几年的学习生涯中，抓紧宝贵的青春时光，勤于读书、思考、学习，莫等闲白了少年头。

最后，我以一首《长歌行》与大家共勉：

　　青青园中葵，朝露待日晞。
　　阳春布德泽，万物生光辉。

常恐秋节至,焜黄华叶衰。

百川东到海,何时复西归?

少壮不努力,老大徒伤悲。

再过几天就是中秋节和教师节了,值此佳节来临之际,提前祝各位师生节日快乐、身体健康!祝大一的同学军训愉快!祝愿所有同学在新的起点上生活快乐、身体健康!

理想,是心灵的灯塔
——东南大学法学院 2015 届毕业致辞

2015.6.18

各位亲爱的同学:

你们好!

一年又一年的毕业季来临了。毕业,是伤感的季节,因为毕业意味着告别,人生最难是别离;但是,毕业也是喜悦的季节,因为毕业意味着新的开始,人生最喜是扬帆。

在各位同学即将收拾起行囊,奔赴祖国的四面八方之际,我还有一些话要说,还想在你们毕业离校之前再叮嘱一次。

亲爱的同学们,当你们踏上工作岗位,开始人生新的征程之际,我希望你们——

做追梦者,不要做失范者

人要有自己的理想,有梦可逐,逐梦不逾矩。

理想，是心灵的灯塔

同学们知道，去年至今的年度关键词是"梦""中国梦"。"你的梦想或者理想是什么"，也因此成为最时尚的问题。谈理想似乎显得那么抽象那么空洞，然而，当两百多年前康德抛出"头顶的星空和心中的道德法则"的命题时，"梦想"或者说"理想"这个词，从此定格在人类的画卷中而成为关键词。因为人人深知，有梦想的人才会对现实有推动。理想还是要有的，万一实现了呢?！所以，同学们踏上社会，反而更要知道树立远大理想这个说法绝不空洞，你的理想，将是你对抗俗世生活的最佳武器，也是陪伴并见证你成长的最佳伙伴。

但是，同学们，在你们追逐自己的理想时，必须时刻恪守心中的道德法则与国家的法律，做事不逾规、行为不越矩，做一个"肯花笨力气的聪明人"，而不要做"走捷径的聪明人"。我不希望你们为了追逐自己的梦想而不择手段或者失去良知，不希望你们行为失范、道德失察。我希望并由衷相信我们法学院的学生毕业以后，在新的人生岗位上既能努力实现远大的理想，也能坚守事业的底线，遵纪守法，开拓进取，将法治理念贯穿在你们工作中的每一天。

做行动者，不要做抱怨者

追逐理想应付诸行动，要做行动派而不要做抱怨者。

在这个时代，做一个理想主义者可能会被嘲笑，追逐它，谈何容易？很多人在追逐理想的过程中发现了层出不穷的社会

问题、现实问题，于是，他们被慢慢改变，他们不但放弃了理想，而且放弃了追逐理想，由此他们放弃了行动，变成了一个只会对各种问题发牢骚的抱怨者。可是，亲爱的同学们，"牢骚太盛防肠断"。

当下时代物质文明高度发达，这让我们每个人深深受益，同时也深深"受害"。因为，中国社会精神文明的建设还落后于物质文明，中国的软环境也落后于经济 GDP。社会可能还不公平、腐败可能还存在、制度可能不健全、保障可能不完善、领导可能很无能、同事可能很功利、女友可能很物质……种种的一切，会让你们感觉到"在社会上的每一天，一天比一天更难"。你们可能会非常不适应，不适应的结果是，很多壮怀激烈的青春学子成了怨妇或者怨夫。但是，同学们，这种抱怨者的状态，只会毁了你。要知道社会上有诸多不合理之处，横空出世的你，正是为了解决种种社会问题而生。与其抱怨不休，不如做一个社会生活的"闯入者"、行动者。理想虽然遥远，然而，你的行动，正在将理想与现实之间的距离缩短。

用你的行动改变社会，改变周遭，改变自己。同学们，你们要记住，那些声称被应试教育毁了的人，不应试也会自毁；那些抱怨婚姻磨灭理想的人、那些认为孩子是累赘的人，不结婚、不生孩子也成不了居里夫人；那些天天唠叨在这个体制下无法创作出伟大作品的人，去了瑞士也一样找不到自由的灵魂。高晓松有句话：大家面对同样的时代，却找出不同的借口，每个人都在窗前看这个世界，有些人看见的只是镜子，有些人伸

理想，是心灵的灯塔

手不见五指。

做成长者，如果可以，也做一个成功者

追求理想的过程是自我成长的过程，与此同时，如果可以，也不妨成功。

成长，是在保持好奇心的前提下，不断增加人生的智慧。它是人格的提升和灵性的升华，是面对事物的选择能力、面对是非的判断能力。学问有两种，一种是为了满足社会性需求，即为了做官、谋生的求学；另一种则是为了满足自我人格发展的需求，即以自我为指向、成就理想的人格的求学。我们今天的大学教育，在很大程度上，只是完成了第一种即求学的社会性功能；而对后者，即求学的自我人格实现功能，没有给予充分的重视，甚至过于忽视。正因如此，当各位同学走上社会之后，必须重视自己人格、心灵的成长。这样的你，面对挫折，才不会失志；面对财富，才不会迷失；面对成就，才不会失去自我……事实上，使自己不断成长，也是中国儒家知识体系中所关注的终极问题。

不知何时，"成功学"成为这个社会最大的学问。人人都要成功，人人都想成功，人人都在谈论成功。当你们踏上社会，面对父母、同学、朋友的询问，"薪水多少""何时买房""升了吗"——当然女同学们还包括另一个问题"生了吗"——你们将感受到来自亲友们发自内心的温暖的关心，但

同时,更感受到的其实是他人对你们成功的渴望。这种渴望如此强烈,常常会让你们苦恼。你们会问,人活着,是坚持自己的理想,还是坚持世俗的追逐?当你们迷失自我的时候,请你们记住,人生最重要的是成长,而不是成功。成长,只有在追逐理想的过程中才能获得。

在追逐理想的过程中,你奋斗、拼搏、努力,你将获得人格的丰满、性格的独立、精神的富裕,以及对责任和奉献精神的理解。富有这种特质的人,就是成长且成功的人,他们都有"为有牺牲多壮志,敢教日月换新天"的精神。哪怕一无所获,但拼搏精神长存,日月也许终究可换。人们往往太注重结果而忽略了过程。我们忘记了,成长,其实就是最大的成功。

当然,在你们人格成长、心灵丰满的过程中,如果可以,也不妨成功。成为牛顿、成为比尔·盖茨、成为乔布斯……成为一切你想成为的样子。而在此过程中,希望你们心灵的灯塔——理想,一直照耀着你们前行。

亲爱的同学们,幸福如你者,有众多的关爱可以享受;年轻如你者,有大把的青春可以挥霍。祝福你们在未来的人生旅途中,一帆风顺、饱览风光、收获无限。请你们记住,无论你们失意或者得意,无论你们思念或者不思念,东南大学法学院永远都在这里,永远为你而存在、为你而加油!

"法"的精神和要义
——东南大学人文讲座报告厅讲座

2015.9.23

同学们:

下午好!

很高兴在这里给大家做这样一场法律讲座,我来东南大学任教已将近十年了,之前也曾有人邀请我做类似的讲座,但都被我婉拒了,一来我觉得自己没有准备好,二来我觉得时机不成熟。正如有位曾经在南京上过大学的法学老师在一篇随笔中写道:"每当我走进南京的工科院校,总有一种说不出的异样感觉。"对此我感同身受,作为一名文科学者,在东南大学这样一个工科强校里谈法律,似乎有些怪异。就我个人而言,总感觉这里没有那么浓厚的人文氛围,学生们更感兴趣的或许是土木、建筑、交通、机械、电子这些专业或课程。然而最近几年,我慢慢改变了这种看法,随着整个社会加快转型的节奏,法治被推到了时代的风口浪尖,同学们对法律的热切关注已远远不同于往日。这让我感觉到做这样一场讲座，似乎有了可行的氛围；同时，随着多学科交叉的不断深入，法学固守自己的一块土地的老做法已非可行，需要通过不同学科之间的交流使法学获得新的发展。而对于同学们来说，你们才刚刚进入大学，如同白纸一样未曾被浸染，选择在此时进行法律启蒙教育是最有成效的。所以当学校邀我来进行这样一场讲座时，我欣然接受，并且希望能够在今天同大家的交流中碰撞出思想的火花，共同学习与反思。

我今天讲座的题目是"'法'的精神和要义"，这是一个很大的题目。法本身是一个非常大的概念，不同的国家与民族对法有着不同的理解。西方著名学者孟德斯鸠历时多年，从历史、社会、文化、宗教等各个方面，凭借自己渊博的学识铸就的经典《论法的精神》，就是对这一问题宏观、全面的阐述。而今天作为一场法律启蒙讲座，不可能在广度和深度上企及先贤的鸿篇巨制。但这并不意味着没有讲述的余地，通过对这个题目加以提炼，我们反而可以把握问题的核心，而无须被纷繁复杂的抽象概念所困惑。

"法"是什么

首先，我们应该了解"法"是什么，通过对"法"本身的了解，即可窥见"法"的堂奥，亦即蕴含在"法"中的精神和要义。要阐释"法"是什么，就必须先对"法"这个字的含义

"法"的精神和要义

进行解读。关于这个解读,中西方可谓大相径庭,我们先来看一下中国的解读。许慎的《说文解字》中这样写道:"灋,刑也。平之如水,从水;廌,所以触不直者;去之,从去。"这段话翻译成白话文大致是说:灋即是刑,代表了一种惩罚;灋还应当像水一样公平,没有偏私;同时又要像神兽廌那样正直。从以上对灋字的释义,我们不难看出中国古代对于法的理解是建基于以下三个方面:第一,法是正直的,有着明辨是非、判断曲直的功用。第二,法是公平的。第三,法是一种惩罚,灋或法,都含有"去"。去,"人相违也"。"去"即是对不公正行为的惩罚。那么什么样的法能够满足这样的条件?毫无疑问就是刑法。至此,我们可以得出结论:中国古代的法主要指的就是刑法。李悝所制定的最早成文法《法经》共有盗、贼、囚、捕、杂、具六篇,都是关于刑事犯罪方面的规定。正如有的学者断言:"翻开中国古代法典,从有史以来直到清末所有的成文法,几乎全部都是刑法。"作为一名刑法学者,初入门时看到这种说法内心的确喜不自胜,觉得自己研究的是一种历史悠久、血统高贵的法律。然而越学到深处,越发觉这其中存在着极大的不合理之处,也渐渐感受到这种传统所拥有的源自基因的弊端。正因为我们长久以来把法视为刑法,导致了一种重刑轻民的司法传统。封建时代的中国,调整民事关系的法律手段都是刑罚而非民事制裁措施。对每一种违法行为,包括民事违法行为,都规定了国家的暴力和刑杀。违反户籍、财产、契约、婚姻法规的行为也被法律规定了具体的刑罚措施。

而当我们今天大力提倡建立诚信社会时，应当意识到我们的社会之所以缺少诚实信用，正是与这种重刑轻民的法律传统有关。我们知道，民法解决的是私主体之间的矛盾和冲突，而刑法解决的是国家和公民之间的冲突。不同于西方国家大多有重视民法的传统，强调契约和权利意识，中国古代成文法典之中，没有一部相对独立的民商法典，私主体之间的关系是混乱、没有秩序的，故而我们的市民社会长久以来难以形成，也就难谈建立诚实守信的社会共识。除了缺少诚信意识，重刑轻民的司法传统给我们带来的另一个弊端就是：当今中国社会，将法律作为惩恶工具来认识的价值观还有十分普遍而深厚的社会基础。不管是最早的"严打"，还是近来的酒驾问题，动辄就用刑法解决社会矛盾，而这一定程度上是我们治理手段不够多样、治理方式还处于初级阶段的表现。同学们应该记住，刑法并不是万能的，越是发达的社会，运用刑法时就越是谦抑谨慎。如果所有出现的社会问题都运用刑法来解决，则与法治的运行是背道而驰的。

说完了中国对法的理解，我们再来看看西方对法的理解。从定义上看，西方的法与我们大有不同。我们知道，不论是英文、德文、还是法文，其共同的词源都来自于拉丁文。虽然拉丁文中并没有与"法"直接对应的词汇，但仍有与"法"的概念有关的两个词，分别是 *jus* 和 *lex*，前者指法、权利，同时有正义、衡平、道德的含义；而后者通常指具体规则。不同于中国古代将法仅仅认为是刑法，西方的法律观念显然聚焦于市民法，其内容更为广泛，调整的对象更多也更灵活；与此同时，西方古代的法律是氏族、阶层之间斗争的产物，是一种妥协的结果，故而也就更具有民主性、平等性，更能体现其权利法的特点；通过制定一些大家共同遵守的规则来进行利益的分配，渐渐的，这些被大家所共同遵守的规则就成了法律。西方古代法律的另一个特点是其文明性，以雅典的梭伦改革为例，社会改革最终通过制定新的法律来实现，这就意味着文明进步而不是刑杀，斗争固然需要代价，但远比残酷的王朝更迭战争要温和得多。而西方古代法律与我们对法律的认知之最大不同，还在于对法律与国家的定位。按照西方契约论的观点，社会先于国家，法是调整社会的规则，法先于国家，成立国家的法就是宪法，国家是宪法的具体化，其运转无时无刻都不能超越法所规制的范围。

说句题外话，尽管中国的 GDP 已近达到了非常高的水平，然而文化、法治等软实力的不足，导致我们仍未跻身于发达国家之列。当然，同学们大可不必为此丧失信心，中国有其独特的文化背景与历史遗产，自然也有着与发达国家所不一样的发展轨迹，并不能因为发展的道路不同就妄自菲薄。正如西方哲学大家罗素所言："参差不齐乃是幸福之源。"这种多样性本就值得我们充满期许，或许中国所走的第三条道路才是对人类社会斯芬克斯之谜的正解。这一点，我们一定要充满制度自信和道路自信。

西方古代的法律与近代以来西方法学发展的主要流派紧密

相连。大致来说，西方近代以来的法学流派可分为三类，分别是自然法学派、实证法学派和社会法学派。简单来说，自然法学派强调法即理性，这种理性包括了神的意志、普遍的公平正义，还有公共的意志等概念。自然法学派认为凡是能够体现这些"理性"的就是法律，故而自然法学派不承认恶法的合法性。这种认知在二战以后的几场大审判中都有所体现，被告人用恶法为自己的罪行所作的辩解并未被采纳。与自然法学派强调这些法律之上的"原则"所不同，实证法学派聚焦于现有的法律规范，认为法即规则，是主权者意志和国家强制力的体现。凡是现有的规范，在实证法学派看来都是法，无所谓善法、恶法之分。而社会法学派又不同于这两者，在社会法学派看来，法即是经验。正如社会法学派大家霍姆斯大法官所言："法律的生命不在于逻辑，而在于经验。"在这一流派的学者看来，法应当是司法机关适用规则所作出的判决和解释，是一种社会效果的体现，其无法与社会本身割裂开来，而应当回归于社会之中进行体察。

我们知道，法学、医学还有神学是人类历史上最古老的三门学科。医学解决的是人类自身生存的问题，保障了人类的基本生存；神学用来解决人类思想上的困惑；而当许多人类组成一个社会或国家时，就需要法学来制定规则，使得社会和国家能够有序地运行。所以说，法学是一门血统高贵的学科。在西方国家，法学推行的是一种精英化的教育，经过本科通识教育后的学生才有资格报考法学院，可见其法学教育要求学生有开

"法"的精神和要义

阔的视野和丰富的知识储量作为基础。而反观我们国家的法学教育，高校扩招以来，全国有六百多个高等院校设立了法学专业。由于在众多的人文科学专业中，法学专业的就业机会是广阔的，因而大量学生报考法学专业，结果是法学类专业的本科就业率惨淡。正如我们前面说到的，法学应当是一门经验之学，也是一门精英之学，而我们放低门槛大量招生的做法，对法学未来的发展是否真的能起到人才储备的作用，可能还需要进一步的思考。

说了这么多，我们需要对"法"是什么作一个简单的总结。"法"究竟是什么？在我看来：法，律也，是一种约束。法，首先是一种行为规则，用来规范人的行为。这是法的逻辑起点，如果没有这一特性，就不能称之为法。其次，法还是社会关系的调整器，用来调整社会发展中出现的一些问题。就像人的身体常常会生病，社会有机体也会生病，而法就是一种药，可以用来治愈社会存在的问题。当然，药都会有副作用，也没有包治百病的药，社会问题不可能全靠法来解决，但法的基本功能无疑是用来解决社会问题的。最后，法代表的是一种秩序，或者说是一种对美好未来的追求。通过制定优良的法，可以创造一种新的秩序，这种秩序是符合人类理性的，也就是一种正义的秩序。这种追求，体现的是法所蕴含的基本价值。法的精神便蕴含于这种价值之中。

总之，法是规则，是约束，是秩序；法的精神便是对正义价值的追求。然而，仅此还不能完全展示法的精神和要义。

如前所述，法的基本价值是社会正义（包括自由、平等、公正、效益等），而终极价值则是人权保障。任何一部合格的法律，其条文背后都应蕴藏着对公民权利和自由的保护，而这恰恰是法的精神所在。孟德斯鸠在其鸿篇巨制《论法的精神》中指出，法的精神，即法律符合人类理性的必然性和规律性。这句话该如何理解呢？孟德斯鸠认为，法律应当顺应人的理性而非感性，只有当法律被置于决定地位时，法律才能保障人民的自由权利，而与法治相对的专制则是对人性的蔑视和对自由的践踏。在孟德斯鸠看来，法律不是一个自我封闭的体系，法律不仅同政体、自然地理环境、宗教、风俗习惯等各种因素有关系，法律与法律之间也存在着关系，正是这些关系构成"法的精神"。故而当我们考量一个国家的法律是否具有"法的精神"时，除了考察其是否保障了公民的权利与自由，还要将其带入特定的社会环境中进行思考。以我国为例，时常有国际动物保护组织指责我们没有相应的动物保护立法。从形式上看，似乎我们的法制发展真的有待提高，但当我们把这个问题带入当下的中国社会，就会发现，这其实是一个伪命题。我们国家的经济固然在最近几十年有了较为长足的发展，但相较于发达国家仍有不足。在人权保障尚有较大努力空间的时候就大谈特谈动物的权益保障，这种观念太过于超前，何况这种观念也并非原发于中国的社会，故而一味移植也并非没有坏处。这就警示我们在思考法的精神时，不能局限于一种形式主义的视角，而应当从实质出发，考虑多个方面，用多维度的检视来克服绝对形式主义可能产生的种种问题。

什么是法治

明确了法的内容、法的精神与要义之后，我们就顺便谈谈什么是法治。首先，法治，就是法的统治。进一步追问，什么样的社会状态可以称得上实现了法的统治？正如《中共中央关于全面推进依法治国若干重大问题的决定》中提到的那样：法律是治国之重器，良法是善治之前提。这句话就提纲挈领地指出了法治的实质内涵，以及我们怎样才能实现法治。古希腊著名思想家亚里士多德在其名著《政治学》中指出，法治应包含两重含义：已成立的法律获得普遍的服从，而这些法律本身又是制定得良好的法律。可见法治不同于人治，法治是一种规则之治，它强调全社会都要遵循既定的规则，法治的背后是一种根植于社会意识深处的对规则的敬畏。没有这种对规则的敬畏，就没有法治可言。

其次，法治又不同于法制，法治应当是一种良法之治。古罗马著名政治家西塞罗在其著作《法律篇》中曾说："人民的福祉是最高的法律。"我们今天谈法治，除了对规则应当遵守之外，还应该监督立法者制定良好的法律。良法是善治之前提，背离了人民根本利益的法律，是无法得到认可的，也就难谈其正当性基础。以当下城市建设中出现的强拆为例，由于有的条例在制定时未考虑到老百姓的需求和心声，因此即便负责拆迁的人员严格遵守了相关拆迁条例，满足了形式意义上的对规则的遵守，仍旧难谈是一种法治的表现。这就警示我们的立法者，在制定法律时，必须考虑到法律所针对的不仅仅是一种秩序的维持，或许更重要的，还是对人民权益的保障。

从柏拉图开始，西方的政治思想中充满了对"哲学王"的憧憬，即便是在中国上古部落时代，推行的也是一种贤人政治。这种贤人政治强调最高领导人的绝对理性，因为他是最高理性的代表，所以不需要法律，只需凭借最高领导人的智慧和道德自律就足以使社会处于一个良好运行的状态。然而，随着社会的不断发展，这种"哲学王"的梦想逐渐让位于人类不那么理性的现实，每个人都会犯错。绝对的理性只是一种假设，仅仅靠道德的约束很难抑制权力的膨胀，所以我们需要法治，需要用一种规则来制约权力。这是人类在认清现实之后的某种妥协，也是积极回应现实的明智之举。以德治国并非没有优势，中国古代的几大盛世（文景之治、贞观之治）都是在贤德君王的领导下出现的，然而这些盛世之间往往是政治极度昏暗不堪的时期。以德治国固然在某些时候能够造就盛世，但有时候由于领导人个人的缺陷会使社会和国家陷入一种病态。反观依法治国，法律替代了领导人成为最高权威，社会和国家的运行能够处于一种确定的状态，其长期的发展必然是更为稳定的。而这种依法治国的方式，体现的是一种不同于以德治国的治理思维。这就引出了法治的最后一个特点：法治是一种思维之治。

具体来说，法治思维强调一种以合法性为判断起点、以公平正义为判断终点的逻辑推理方式。首先，在这种思维方式下，任何行政措施的采取、任何重大决策的作出都要合乎法律，这体现的是一种合法性思维，即权力的来源应当是合法的；其次，它还强调一种程序性思维，即权力的运行必须要在既定程序及法定权限内，越权或者不以正当程序行使权力都应属无效，这种对程序的尊重是法治权威和规则意识的充分体现；复次，它还要求一种权利义务的思维，顾名思义，就是将权利义务作为设定人与人关系及人与公共权力关系的准则，明晰了不同主体之间的权利义务关系，社会才不紊乱，才能够实现可持续发展；最后，法治思维还强调公平正义，即公权力要以追求、维护公平与正义为价值尺度。法，既是现在之学，也是未来之学；它除了要对当下社会的运行加以规制，还要对未来有所追求，只要我们的社会还有不公，还有邪恶，那法对正义和公平的追求就不会停歇。将法的公平正义之精神和法与民族、文化等之关系，融合进法治之中，法治，也就因此才能成为良法之治。

大学的法律学习

最后，和同学们探讨大学的法律学习，以及理工科大学的学生所面对的法律、科技与人文的问题。对于大学生来说，研习法律，必须明确法的精神与要义，才能学好法律。套用王国维先生的治学三境界，研学法律，同样是有三个境界的：第一个境界是看山是山，看水是水，处于这个境界的人只能看到法律条文本身，条文规定了什么，他就只能学到什么。随着研习的深入，便进入了第二个境界，即看山不是山，看水不是水。到了这个境界，他便能透过条文本身，对法条进行一系列的解释，在不同的解释中领悟之前所不能领悟的真谛。随着研究的再进一步加深，便进入了第三个境界，这时看山又是山，看水又是水。怎么理解呢？到了这个阶段，已经不局限于对法条本身进行解释，更多的是开始思考解释背后更深层的人文社会等因素：法律为何制定？社会效果如何？反映了何种哲学追求的优位？……法律虽然还是法律，但已经被拆解又复原，不同于原先只有形式的空壳，此时在形式的下面，还有丰富的人文内在予以支撑。

东南大学是以理工科为主的综合性大学，在这所大学里，还有一个问题特别需要跟同学们谈谈，那就是理工科大学生如何处理好法律、科技与人文的关系。正如我一开始提到的，在工科大学讲法律，总是感觉缺乏一种氛围。然而，因为缺乏这种浓厚的人文氛围，就可以不谈法律吗？答案是一个大写的"不"字。圣雄甘地曾说，毁灭人类的有七件事：没有劳动的富裕、没有良知的快乐、没有是非的知识、没有道德的商业、没有人性的科学、没有牺牲的崇拜、没有原则的政治。科技是一柄利刃，如果这柄利刃被握在无视法律的人手中，毫无疑问会造成极大的危害。现代科技的飞速发展，已经给我们的社会带了许多问题,如物质主义的盛行(忙于物质建设而忽略精神生活)、道德素养的大幅滑坡(科技意志成为社会的道德标准)、极端的工具理性(科技成为奴役与毁灭人的工具)、极端的实用主义(文科的衰落与理工科的虚假繁荣)等等,科技这柄利刃渐渐有了摆脱控制的倾向。给科技植入人文的灵魂,让大学教育的本质转变为发展人文教育,给学生给科技工作者树立行为的规范(法律)意识,由此将法律、科技与人文统一为一体的模式,应当被不断强调。而反观我们当下的教育,对于这种科技与人文、法律的融合是做得远远不够的。近年来频发的大学生暴力事件,其本质正是学生在学习科技的同时,缺乏人文、法律素质的培养。缺乏人文、法律加以约束的科技,竟会演变成像"林森浩投毒案"那样令人齿寒的案件。针对这种现状,我们需要一场庞大的奠基工程来加以改变,具体来说,就是给科技植入人文的灵魂。

科学本是知识和智慧的合体,"知识"是"科技",而"智慧"就是"人文"。"人文"重视人的文化,是人之为人的一切文化和道理;"人文教育",则是实现人之为人的价值的教育,它不仅传授有关人的德行、人的幸福、人的价值等关于人自身认识以及人应该具备的基本品格的学识,更重要的是培养自身的人格素质、独立思考和价值判断的智识能力。而这种能力,恰恰是一个合格当代大学生所应当具备的。同时,我们还需要对科技的外在加以规制,这种外在指的是行为规范(法律)——"伦理"或"道德"(ethics or morality),在中文与

英文中我们均可作两个层面上的解释，即内在的价值理想或者外在的行为规范。因此，"伦理化"或者"道德化"是就行为规范意义而言的。在这一点上，我们不能苛求每个人、每位大学生都成为道德模范、时代楷模，高风亮节、无私奉献……为此，我们必须寻求道德的最低点即底线。而法律，就是人们行为规范的底线。作为社会调控体系的重要手段，伦理道德与法律规定共同构成人们的行为规范内容。换言之，法律是最低限度的道德。法律是以公平和正义为中心价值的，所以，法律所规定的行为规范就是最低限度的道德要求，故而法律应该对科技的外在加以限定与规制。只有既满足了人文的灵魂又受限于法律的科技，才是我们应当追求和利用的科技，才是一种兼具形式与实质的科技。

讲座即将结束之际，我不禁想引用康德的名言作为结束："有两样东西，人们越是经常持久地对之凝神思索，它们就越是使内心充满常新而日增的惊奇和敬畏：我头上的星空和我心中的道德律。"仰望头上的星空体现了我们对未来的追求，而这种追求由内受到道德律的支配，或许这就是将科技、人文与法律相融合的最好诠释。

（录音文字整理：东南大学法学院2012级本科生马文博）

塑造人文 养成心性
——东南大学法学院 2016 级迎新致辞

2016.9.2

各位老师、各位同学:

你们好!

在这金秋丰收的时节,我们美丽的九龙湖之滨又迎来了一批朝气蓬勃的学子。春秋交替、寒暑相易,各位学子经过十年寒窗,经受住高考的神圣洗礼,最终迎来了自己收获的季节。值此良机,请允许我代表东南大学法学院全体教职员工对你们的成功致以最诚挚的祝贺!对你们的到来表示最热烈的欢迎。

十年前,我和在座的各位学子一样走入这所大学的法学院。十年来,我经历了法学院恢复重建时的艰难,目睹了她飞速发展的点点滴滴,见证了她在全国法学学科飞速发展中的壮大。现在,东南大学法学院已成为以宪法与行政法、刑法、民商法等传统学科为雄厚基础,以工程法、交通法、医事法等交叉学科为优势的全国知名法学院。当下的东南大学法学院,纵向具有民国时期的辉煌历史和与钱端升、杨兆龙、史尚宽等学界历史名流同根同源的亲缘优势，横向具有东南大学理工优势学科相容互补的学科优势，地域上则具有傲踞中国综合实力最强的经济中心即长江三角洲的区位优势。同时，我院今年即将取得法学一级学科博士点，即将形成"学士—硕士—博士—博士后"层次完备、结构合理、学位点覆盖面广的人才培养体系。这些优势条件为学院今后进一步发展开拓了广阔的前景。

亲爱的同学们，目前中国正处于国力最强大、物质最丰富、人民幸福指数最高的时代，你们无疑生当其时；当下中国社会正处在《中共中央关于全面推进依法治国若干重大问题的决定》所大力倡导的依法治国的重要时期，法治从来没有像今天这样受到重视，作为法学院系学子，你们无疑躬逢其盛。今年，也是东南大学法学院建院十周年之际，你们的到来，无疑恰逢其时。但另一方面，我必须提醒你们，法学类专业对人才素质、专业背景、知识结构需求极高；它门槛低、提高难，考入易、就业难。随着近年来对法学人才的学历要求越来越高，法学类专业毕业的本科生就业情况并不乐观，但交叉学科的法学专业研究生，则就业前景广阔。这些事实也表明，各位同学选择了东南大学法学院是多么的明智，因为，我们就是一所以交叉学科人才培养而著称的法学院。与此同时，法科专业的现实也向在座的各位同学提出了更高的要求：作为一名法律人，不仅要具有良好的职业道德和素质，还要有深厚的专业知识背景和跨学科的行业知识。唯有如此，才能在走上社会以后的激

塑造人文 养成心性

烈竞争中屹立不倒。奉劝各位同学，大学之求学，应如"有匪君子，如切如磋，如琢如磨。瑟兮僩兮，赫兮喧兮"。《诗经》里形容求学的过程，就像加工骨器一样，需不断切磋、反复打磨，谨慎而敬畏、文雅并庄重，在做学问的过程中当自我修炼、自我提升，以达到完善的境界。当你们如此对待大学四年法学知识的学习时，我相信，无论是现实的个人就业问题，还是超现实的中国法治建设问题，都将不再是问题。

同学们，而今的中国青年，而今的你们，是更年轻更有力的一代，你们拥有更多高科技手段，你们被更多的资讯武装，你们被更多的物质环绕，你们也被更多的选择包围……但是，与此同时，这也意味着科技至上、物质主义、精神消解、人格矮化……为此，我想提醒各位在座的同学，"藻不雕朴，华不变淳"。在物质极大丰富的当下时代，我们更要守住心灵、范成品性、自信自尊、昂扬向上。大学的目的不仅仅在于传授知识，更在于心性养成。英国剑桥大学教授巴克在论大学教育时曾经讲过："大学要达到它的鹄的，不仅在发展智慧，也在于从师生聚处的群体生活中自发的诸般活动，养成道德的骨干。'范成品性'（forming the character），像'发展智慧'（developing the intelligence）一样，贯彻着我们的大学教育。"而今，这已成为现代大学的共同理想。因此，大学里学习固然重要，但是舍此之余，同学们还要牢记个人的修身养性。所谓"守住心灵，范成品性"，就是要求我们各位同学勿忘进入大学学习的初心，并养成良好的个人品德、健全的人格。（很多大学的名字叫"师范大学"即来源于此意，也就是通过老师教导学生学习，最终养成学生的良好品性与健全人格。）这种品性中很重要的特质还在于"自信自尊，昂扬向上"。先贤苏格拉底云："一个人能否有成就，只要看他是否具备自尊心与自信心这两个条件。"法学是正义的事业，正义的事业能够使人产生坚定的信念和巨大的力量。法科学子首先要有自信，无论冷暖无论厚薄，任世道变幻，对自己的学业以及日后所从事的事业、对自己的人生，都要有拿破仑所说的"人多不足以依赖，要生存只有靠自己"的足够自信，这类似于李白的"天生我材必有用"。同时我们更要有自尊，以肾换 iPhone、以逃课为荣……这都是不自尊的例子。无论是别人在眼前或者自己独处的时候，都不做一点卑劣的事情；既不盲目取悦他人，也不使自己失敬于人；不图虚荣不为物役，理性自爱。自信自尊的人，体现出的是一种昂扬向上的气质和魅力，不因一时成功而沾沾自喜，不因一时挫折而万念俱灰，任何时候，都生气勃勃、情绪饱满，对待学习与生活乐观向上。亲爱的同学们，希望大学四年的学习，能够真正让你们范成品性、自信自尊。

东南大学法学院作为文科院系，每年女生的数量都远超男生，今年又创新高，全院本科新生 60 人，女生 50 人，男生 10 人。据我所知，其他高校的文科院系也均是女多男少，只不过每所院校比例有所不同。当今中国法院案多人少，中国高校文科院系女多男少。不过，"案多人少"是我国推进司法改革中亟待解决的问题，"女多男少"则不是问题，它是当今社

塑造人文 养成心性

会女性教育与发展机会提升、人类文明进步的表现。

21世纪的帷幕拉开不久，世界似乎突然进入了女性时代。放眼世界，英国新任首相特雷莎·梅、德国总理默克尔、巴西总统罗塞夫、竞选正在白热化阶段的美国总统候选人希拉里，以及孟加拉国、爱尔兰、阿根廷等十多个国家和地区的女性领导人……越来越多的女政治家正在登上政治舞台。有人据此幽默地说，英语的"history"，该改成"herstory"了。美联储主席耶伦和国际货币基金组织总裁拉加德——世界上两个最有钱机构的掌门人——也是女性。2015年12月1日，美国《外交政策》杂志公布了2015年"全球百大思想者"名单。共有125人登上了名单，其中有63名女性和62名男性，女性入选者人数有史以来第一次超过了男性。中国国内，阿里巴巴总裁马云则从经济的角度，认为当今世界经济进入"她时代"。事实上，种种数据表明，当下世界在一些主要领域都进入了"她时代"。女性有着超越前辈的大把机遇，男女平等达到人类历史以来的最好状况；女性正在践行着18世纪英国女权主义者玛丽·沃斯通克拉夫特所说的，"不必仰赖婚配、嫁得一名好丈夫而取得生活保障，而是凭借着自身专业与努力获取成就"。希望我们的女同学们抓住"她时代"所赋予的历史机遇，奋力拼搏、努力学习，成为未来"穿着高跟鞋的时代领跑人"；至于我们的男同学，从来就肩负着家庭、老师和社会的厚望，不必细说，相信你们懂的。

我们的硕士、博士研究生们，请你们谅解，今天我们的主

要致辞对象似乎是大学本科新生而不是你们,那是因为,相对于本科新生,你们是过来人,你们体会过他们青春的迷茫、不安与期待,正因为如此,你们肯定能够谅解我的致辞没有突出你们。更何况,你们会后马上就会得到各自导师们的耳提面命,所以,请允许我把这种致辞的机会都留给你们的导师们吧。

亲爱的同学们,九龙湖畔、文正书馆,依山傍水、鸟语花香。希望你们在这样的环境里不断进步、成就自我。

中秋佳节即将来临,祝各位同学节日愉快。

天气炎热,祝各位新同学的军训生活愉快。

学问之道与为人之道
——东南大学法学院2016届毕业致辞

2016.6.17

各位同学、各位老师：

你们好！

感谢你们在数年前怀揣梦想选择东南大学，选择东南大学法学院；如今亦欢送你们携着理想，心怀抱负离开母校，告别东大法学院，走向人生的新旅程。今天，是你们选择未来工作生涯的十字路口，抑或是你们漫漫求学路的崭新起点，但同学们，无论你们飞得多高，走得多远，亦不论你们是学士、硕士还是博士，请记住：你们师出名门、出身高贵，但你们当虚怀若谷、荣辱不惊；你们风华正茂、踌躇满志，但你们当不矜不伐、卑以自牧。

东大法学院的进步与发展，虽然离不开各位院系领导和学科带头人的艰苦奋斗，但更少不了每位同学的孜孜以学。可能不少同学经过四年的本科生生涯或者多年的研究生生涯，对法学、对学术并未有浓厚的兴趣，这无可非议；亦有不少同学在本科阶段即对学术相当执着，并立誓追随到底，这亦不值得骄傲。文章千古事，得失寸心知。无论大家对求学的道路理解如何、对学问的追求情愫几许，请大家铭记在心：做学问当孜孜不倦，持之以恒。博观约取，才能厚积薄发；日积月累，方可细水长流。各位同学而今虽已毕业，但人生是个不断学习的过程，今后的工作道路中，请你们切记学习之要诀。

各位同学，各位法律人，各位将来的行业精英与领袖，今天我作为院长，代表法学院，并不是给你们上最后一堂课，更不是与你们探讨法律法规、学术学说。今天我谨以师者之身份，与诸位共同探求学问之道、思考为人之道，并与诸位共勉之：

第一，请同学们谨记，为人正直、品行端正，是诸位立足社会、奋斗事业的金科玉律。无论是做学问还是做其他事，大学，对一个人品格的塑造是关键时期，也是决定时期。人无信不立，业无信不兴，漫漫人生路，做人乃根本。"做人"二字虽简，践行方知艰难；言之虽易，持恒又有几人。当今社会，虽有诸多不公，亦有众多弊病，且人心浮躁。这是现状，也是事实。但我仍希望同学们无论将来从事什么职业，追求什么理想，应当始终秉持法律人的自持和信仰，这是一种胸怀，亦是一种情怀。这种胸怀，是安于清澹，不为富贵所淫的矜持淡然；这种情怀，是视所物也轻，进退不失其正的赤诚坦荡。做学问如此，做人亦如斯。请诸位牢记，无论你拥有的是大事业,还是小确幸,为人处世,但求光明磊落,问心无愧。

第二,请同学们谨记,孝敬父母,常念亲情,是诸位步入社会后最该去行动的事情。我们知道,也理解,现在的年轻人大多有理想、有抱负,觉得年轻时应当以事业为重,而往往忽视了亲情。同学们,请牢记,千万经典,孝义为先。请诸位时时告诫自己,别让亲情等待,请不要辜负父母翘首企盼、望眼欲穿的那种期待,请把自己最美丽的青春年华,与生你养你的父母共同分享。

第三,请同学们谨记,尊重友情,忠诚家庭,是诸位将来经营幸福的黄金法则。各位同学,友情是双方经营的过程,请尊重彼此——无论是男朋友还是女朋友;请心怀感激,上天在赐予你一段美好感情的时候,并不希望你肆意地去打破这份美好。家庭是双方承诺一生的契约,这份契约神圣而又纯洁,请互相包容、彼此忠诚,用心去经营每个人内心的那份挚爱。一个人磊落行事、孝顺父母、忠诚爱情,那么他一定是个顶天立地的人,只有具备这些难能可贵的品格,才能经得起岁月的洗礼、历史的沉淀。

同学们,我今天并没有嘱咐你们要尊重师长、牢记师恩,也没有要求你们心系东大、回馈母校,更没有信誓旦旦地鼓吹你们为社会做出一番丰功伟绩。并不是因为这不重要,而是因为,经过法学院多年的学习和熏陶,我认为你们当然懂这个道理;如果你们连这样简单的道理都不知道,那么,只能证明法学院的教育和你们的学习是失败的。

各位同学,历经几多风雨,十载春华秋实,今年正值东南大学法学院恢复建院十周年之际,各位在座优秀的毕业生,你们是天之骄子,亦逢时受命;你们是国之栋梁,亦肩负重担。在座的各位法律人,当你们走出校门,享受成功荣耀的时候,请你们分担一点社会的责任,无愧于母校的培养;当你们步入社会,经受世俗浸淫的时候,请你们秉持内心的坚守,无愧于自己的良知。

各位同学,新的人生征程等着你们。在你们扬帆之际,请允许我祝福你们,未来的日子无限美好!也让我们一起祝福我们的法学院越来越好。

法安天下 学润人心
——首届秉文文科实验班致辞

2017.9.2

亲爱的老师们、同学们、学生家长们：

大家晚上好！

辞夏迎秋，九月秋高艳阳天，九龙湖畔迎英豪。各位新同学，你们历经考场，百战终胜，来到具有悠久历史、无上荣耀的"985"大学——东南大学。《圣经》里有句话："那含泪播种的，必将欢乐收割。"今日，你们以自己的付出获得了坐在这里的机会。亲爱的同学们，祝贺你们。

除了祝贺，还要恭喜。恭喜你们，成为东南大学"秉文文科实验班"的首届学生。在座的你们，顺利升入我校张广军校长集全校文科之精髓致力打造的文科实验班，如果没有意外，四年之后，你们将会被培养成为我校首届人文社科精英。你们身负众望！东南大学文科传承百年，"以科学名世、以人才报国"；秉文文科实验班，以"秉文"为教育理念，以"达理"

法律人的谋生与谋道

为核心战略，以"成己成物"为终极目标，通过名师讲课、大师讲堂、特色研讨等诸多环节，以完整严谨之知识、健全独立之人格、开放大气之眼界，塑造大格局、大境界、大视野的未来领军高端人才。

亲爱的同学们，你们将在这里接触到文、史、哲、经、法等各类课程。而我，正是代表法学院而来。法是什么？为什么要学法？法有何用？这些宏大的问题还是留待法理课程上苏力教授等精英教师授课时为你们一一道来吧。此刻，你们也可能瞬间联想到了那些堪称经典的法律影视作品，比如《肖申克的救赎》《辩护人》《越狱》《人民的名义》等等，不过，且慢，还是请你们先了解一下近在咫尺的法学院吧。

东南大学法学肇始于1928年成立的中央大学法学院，首任院长为民国时期著名法学家谢冠生。时年中大法学院人文荟萃、名流云集，为东南法学一时之冠。学界、政界著名人物韩忠谟、钱端升、杨兆龙、梅仲协、史尚宽、范馨香、韩德培等，或曾任职或曾就学于中央大学法学院，缔造了东大法学数十年的辉煌。有空的时候，同学们可以去四牌楼校本部法学院原址看看，寻找那法的源头……

东南大学1995年恢复法学专业、成立法律系，并于2006年9月重新设立法学院。经过建院十余年、法律系恢复二十余年的办学，法学院科学研究获得跨越式发展。法学院办学规模不断壮大，办学质量与学术地位持续上升。在大力发展传统基础学科的同时，借助学校理工强势学科优势，致力于发展新型交叉学科，形成以宪法学与行政法学、法理学与人权法学、刑事法学和民商经济法学四个传统学科为基础，以工程法学、交通法学、医事法学、司法大数据等新兴交叉学科为特色的学科体系。2016年9月，教育部新增东南大学为法学一级学科博士点授予权单位；2016年10月，东南大学法学学科获批江苏省重点学科。

  同学们，当下，我校秉文文科实验班致力于书院式的人才培养方式；历史上，曾有东林书院，它位于江苏无锡，由北宋知名学者杨时创建，为宋明时期我国江南地区的理学传播中心和著名书院。希望未来，东大文科给各位打造出著名的东南书院，你们在这里畅学文史哲经法，法学院将为你们的学习添火加薪。习近平主席在一系列讲话中多次提到讲好中国故事、传播好中国声音。法学院恰恰是一个有故事的地方，也是一个可以追寻公平正义之价值的地方。欢迎你们，到东大秉文文科实验班，期盼你们，到法学院听故事、学知识、求正义。法安天下，学润人心；东南书院，翘首期盼！

学术自由与"自动主义"

—— 东南大学法学院 2017 级研究生迎新致辞

2017.9.11

各位研究生新同学:

你们好!

众里寻他千百度。你们在无数高校中选择了东南大学法学院,你们的人生迈入新的起点,你们的名校之路再创新高。在此,请允许我代表全院师生对你们取得的成绩表示祝贺,并对你们的到来表示热烈的欢迎。

同学们,今年的开学典礼不同于以往。今天的典礼缺少了一支重要的生力军,那就是 2017 级本科新生,那些美丽的学弟学妹们此刻正在操场上军训,在座的研究生同学心里一定倍感失落。不过,沧海横流方显英雄本色,能有多少漂亮的或者说优秀的学弟学妹们加入法学院这个大家庭,还需要你们的努力;你们要作出表率,读出成绩,将每个自己都打造成梧桐树。问题是,如何打造?

今年,东南大学秉文文科实验班正式招生,专业覆盖文、史、哲、政、经、法等学科,该班级将成为东南大学培养高层次人文社科精英的试验田。郭秉文先生是"东南大学之父",是在国际舞台上最为活跃的中国教育家之一。他有许多流传于世的教育理念,其中之一就是:学术自由与"自动主义"。前者,学界多有提及,诸如兼容并包、学者不党等;而后者,却是很多高校管理者所未认识到的。所谓"自动主义",是指培养学生的独立人格和自治素养。"自动主义",对在校学生而言,指学习上的自学和自力研究,生活上的自立、自理,各种学术、文化、体育活动上的自行组织和主办。"自动主义"的熏陶也培养了学生自治、民主的现代国民素养。

希望你们能够成为"双自"人才,即学术上的自由主义、学习上的"自动主义"。自动地去学习,自力、自由地去研究。

亲爱的同学们,你们是研究生,因此你们应该多做研究,无论是纯理论的或是实务问题的研究。做前一种研究,可以出学者;做后一种研究,可以为今后将你们自己打造成专家型实务人才作准备。和本科生不同,我们硕士研究生的课程学习任务并不是那么重,尤其到了二、三年级;我们博士研究生的课程更是轻松。之所以如此,是因为研究生的主要任务是做研究,如同本科生一样的上课固然不可缺少,但这不是重点。诺贝尔物理学奖获得者朱棣文告诉我们:"好的教育应该是让你自由寻找那些对你有意义的事情,而不是把人脑当成一个容

器，往里填东西。"

研究生阶段，"填鸭式"的课程教学虽然还有，但是其比重已大为下降，因此，除了上课，你们将有大把的自由时间。这种现象在文科专业尤其常见，理工科生则因为忙于各种实验室的学习，所以相对少有自由的时间。面对个人可支配的自由时间由贫到富的巨变，很多同学往往开始是惊喜，尔后是茫然不知所措，再然后则是选择与个人发展上的分化。这种分化，就来源于对个人可支配时间管理水平与方式的不同。另外，很多老师往往只是相见于课堂而相忘于课堂外，这种松散的师生关系（甚至是和自己导师的关系）则可能加剧学生对自由的不适感。如何管理好你们的自由时间，成为一个"自动主义"学习和生活的人，是你们入学后急需掌握的一门课。你们要锻炼出自己管理时间的能力，要自律，要计划好每学期、每月、每周乃至每天的学习安排与目标，不要在胡乱打发中将时间耗去。世界上最大的奢侈品不是名牌包包、手表，而是时间。日本作家村上春树写长篇小说时，雷打不动地每天凌晨4点左右起床（从来不用闹钟，身体已经自然调整好生物钟），泡咖啡，吃早饭，然后立刻进入工作状态，一直写五六个小时，"即使心里还想继续写下去，也照样在十页左右打住；哪怕觉得今天提不起劲儿来，也要鼓足精神写满十页"。

所以，请记住，你们要学会自动地学习、自由地研究，只有这样才能成为一名合格的研究生，尤其是一名"985"高校（现在叫"双一流"高校）的合格研究生。"双一流"建设是中

学术自由与"自动主义"

国高等教育领域继"211工程""985工程"之后的又一国家战略,所谓"双一流",即世界一流大学和一流学科。东南大学是42所"双一流"大学之一,也是整个江苏省仅有的两所"双一流"大学之一。能在这样一个平台学习,证明了你们是多么的优秀;但是要配得上这样一个平台,你们还要付出更多的努力。对于"双一流"大学里有着一级学科博士点的法学院来说,应该营造一种学术至上的氛围,学术问题的探讨、学术论文的写作与发表,应该成为一名研究生关注的新常态。清华大学校长邱勇在2017年开学典礼上寄予新同学:学问即人生。德国哲学家雅斯贝尔斯曾指出,哲学有三种主要根源:惊异、怀疑和震撼。不要以为未来当教授学者的才需要做学问,学问即人生,人生即学问。由论文到学术乃至学问,这代表的是你人生哲学式的生存方式,是你试图仰望星空追求卓越而努力的证明。当然,自由的学术并不意味着你们想怎么研究就怎么研究,而是说,你们在进行学术研究时,不要受他人思维所左右、不要为权威所折服、不要为金钱所迷惑,沿着学术问题自己的轨迹,去探讨去思考去写作,这才是自由学术的状态。你们要培养自己独立的人格、健全的心态,要掌握自我学习的能力和自我生活的能力,成为一个"自动主义"的人。

亲爱的同学们,作为考入"双一流"大学的天之骄子,你们也许想象不到,三年或者四年以后,可能会有同学因成绩不及格而延期毕业,可能会有同学勉强毕业待业在家,也可能会有同学肄业……为了美好的可能而不是失败的可能,请你们记住雷蒙德·卡佛说过的一句话:"不要辩解,不要为自己开脱,

不要发牢骚，不要找借口。"同学们，请你们管理好自己的时间，做一个郭秉文先生倡导的学术自由与"自动主义""双自"的人才，乃至未来国家与社会的领军人才。

学识决定眼界，眼界决定格局，而格局决定人的一生。亲爱的同学们，希望你们在未来的日子里提升自己的学识、扩大自己的眼界。各位注意到，今天的典礼上多了一支重要的教师队伍——我们的兼职硕导。各位可能早就发现，今天我们的会议室多了一些穿着随意的成年人，根据"红跑鞋效应"，穿着随意，表明他们是成功人士、社会精英。他们的到来，使我们今天的开学典礼星光倍增、人气爆棚。长期以来，我院各位兼职硕导积极投身于社会法治建设，他们在公检法、律所等各种不同的法律岗位践行着法律共同体的职业理想；与此同时，他们还于百忙之中抽出宝贵的时间投身于高校的法学人才培养，为中国法治教育倾心倾力，种种奉献，令人动容。对于各位兼职硕导的付出，我们表示由衷的感谢。

鉴于兼职硕导对于我院学生培养起到的良好效果，此次我院又新增聘请了一批兼职硕导，对于你们的应聘，我代表法学院表示由衷的感谢。

各位新同学、各位兼职硕导、各位老师，祝你们新学期新起点，学习生活一切顺利。扬帆未来，佳绩连连。

温暖在心 感恩有您
——东南大学法学院发展基金暨校友理事会2018年年会致辞

2018.9.12

各位嘉宾、各位校友、各位老师和同学：

大家上午好！

今天是一个喜庆的日子，大家欢聚一堂，共同为2018年东南大学法学院发展出谋划策，为法学院发展基金添薪加火！感谢各位来宾，你们以无私奉献的精神，在繁忙的工作日抽出宝贵的时间前来参会支持。

秉承中央学脉，潜心交叉办学，打造一流学科。东南大学法学院承袭三江、中央之学脉，恢复法科教育已逾廿载，复院十余年。在东南大学由传统工科强校大步迈向"理工医文经法"综合协调发展大学的背景下，法学院立基于宪法学与行政法学、刑事法学等传统法学学科领域上的深厚理论与实践优势，笃志交叉学科办学、科研之积淀，于大数据与互联网法

学、工程法、交通法以及医事法等特色领域辟径拓新，接连获得了法学学科一级博士点、江苏省重点学科、最高人民法院首个司法大数据基地等众多喜人的成绩，在全国法学专业排名中备受瞩目，学术影响力日益增强，全院凝心聚力东大"双一流"建设。在此，也请各位嘉宾和校友，多翻翻我们的宣传册，那里有我们的全貌。

当今社会，人心浮躁；南京省会，房价高涨。年轻老师想以学术安身立命，何其之难？！然而，高校如果没有年轻精英的加入，一流人才培养从何谈起？高校如果留不住优秀的人才，又如何能做出一流的学问？然而，法学院何其幸哉，得到各位嘉宾和校友的慷慨支持。2017年3月，东南大学法学院发展基金成立。各位嘉宾和校友的支持，给了学院师生巨大的鼓舞。2017年至今，不到两年的时间，学院取得累累硕果。

各位嘉宾、各位校友，今天，是法学院发展基金第二届会议，也是校友理事会2018年年会，此次会议，共募集资金243万元。涓涓细流汇聚成河。你们的浓浓爱心，我们尽量予以可视化，让每一分钱用在明处，让每一份爱发挥它的最大效力。

感谢我们的嘉宾朋友，你们虽然不是东大的校友，然而，你们的一举一动一言一行，让我们深深地感受到胜似一家人，因为我们有着共同的止于至善、诚朴务实的东大气质。虽然一些朋友因事今天未能来参会，但是，你们一直秉持着"人不到礼要到"的拳拳之心支持我们法学院的各项工作，令人无比感动。

感谢我们的校友,一直支持并关心学院的发展,并为今年此次法学院发展基金活动奉献了爱心。

漫漫回首,东南大学法学院所取得的点滴进步离不开鼎力相助学院建设的东大校友和社会各方贤达。君子有所为有所止,受命于天,成大事于己,任重而道远。人如何恪守作为人本该遵守或追求的道义,如何在谋生与谋道之间求得平衡,是我一直在思考的问题,也是我送给2017届法学院毕业生的致辞礼物。谋道之上乃在于以天下为己任,人生境界之高远更在于家国天下之情怀和责任担当。各位校友和嘉宾今天的所作所为,正是在完成谋生这一基本任务之后的谋道善举和义举,你们在回报社会,关心他人,你们在传递温暖,感动我们。东南法学未来岁月之前行离不开广大校友、社会各界人士温度之传播,感谢你们的助力集贤之举。温暖在心,感恩有您。

最后,我谨代表学院师生郑重向你们承诺:潜心笃志,砥身砺行,为国家为社会培养更多有成就有爱心,兼顾谋生与谋道之人。

祝各位嘉宾、校友事业更辉煌、身体永健康!

育特色精英 迎八方人才
—— 东南大学法学院2018级
新生开学典礼致辞

2018.9.7

各位老师、各位兼职硕导、各位亲爱的同学：

大家上午好！

今天，在这样一个盛夏之末而"秋老虎"仍顽强抵抗的时节，亲爱的同学们，我要恭喜你们，恭喜你们安然度过了这个媒体上称之为"二十年来最热的夏天"；我更要祝贺你们，祝贺你们披荆斩棘取得了优异的成绩，最终让我们相聚在这里！为此，请允许我代表法学院全体师生，对2018级硕士和博士研究生新生，以及2017级秉文班分流到我院的法学院新同学们，表示诚挚的欢迎。

同学们，我知道，在这样一个自媒体时代，你们很多人都已看过我的毕业致辞，《谋生与谋道》《温度与锐度》……你们可能也期待我今天拿出一份同样的致辞。但我告诉你们的是：

育特色精英 迎八方人才

毕业致辞，是我作为院长送给每一届毕业生的礼物，你只可以在毕业时得到它；而开学，重要的是介绍与引导，介绍我们的法学院，引导你们未来的学习。

同学们，你们来得恰逢其时！你们赶上了法学院最好的时候。每年的这个时候，我都要说这句话。法学院在不断发展不断进步，它的现在总是比它的过去要辉煌，它的未来也注定比它的现在要灿烂。你们看，我们的法学院焕然一新，正是为了欢迎你们的到来。

我们的法学院复建于 2006 年 9 月 19 日。短短十二年征程，法学院已经拥有了自己的学科品牌，这里有特色、有英才、有平台、有成绩。

法学院有特色。在东南大学这所以理工科为主的综合性大学，法学院本着"交叉性、团队式、实务型"的办学宗旨，与计算机学院、数学学院、交通学院、土木工程学院、公共卫生学院合作，打造了司法大数据、交通法、工程法、医事法等特色学科，在传统基础学科宪法与行政法、刑事法、民事法、国际法之上，通过打造特色品牌，终于在法学与理工学科交叉办学之路上逐步探索出成功的经验，如今这几个特色学科享誉国内外。工程法首创的"4＋3"人才培养模式、国家级精品课程，交通法路内停车治理、共享单车规范治理，医事法医事犯罪、医事侵权等研究，均享誉国内外。刚刚，你们看到 PPT 里播放的司法大数据团队，在国家重点研发计划专项中取得文科历史上科研项目零的突破，几千万的课题经费，这是以往文

科人想都不敢想的数字,然而,我们做到了。这一法学院发展史上里程碑式的成果,是对我们走交叉特色学科办学之路的最大肯定和回报。

法学院有英才。你们也许很早就知道汪进元教授、孟红教授、孟鸿志教授、肖冰教授、施建辉教授、龚向和教授、欧阳本祺教授等,但我更想告诉你们的是,法学院的特色学科锻造了优秀的青年教师队伍,数据法王禄生、反腐败法钱小平、交通法顾大松、医事法刘建利,还有在法教义学领域不断耕耘而饮誉全国的熊樟林、刘启川、单平基、梁云宝等"青椒"们——他们,正在向你们说明法学院人才队伍的"三高"特色:高学历、高水平、高颜值。不过,亲爱的同学们,虽然你们大多数是女生,而我们的"青椒"队伍大多数是男生,但我仍然想提醒你们,上课时别光顾着往前排占座位,更要记着:好好听讲,天天向上。

法学院有平台。这里有法学一级学科硕士学位授予点,2016年又获批了法学一级学科博士学位授予点。对于来自秉文班的新同学们,如果你喜欢"我东",你大可以成为一名"三东"人——东本、东硕、东博。如果你想出去看看,也将有无数的机会,全国法学一流高校,北大、人大、清华、法大、武大、中南财大、南大、上海交大、吉大等,都向我们敞开校门,接受我们的推免研究生。对于我们的研究生们,你们来对了地方,因为,"教学立院、科研强院"是我院的发展指导思想,你们对科研的渴求,都会在我们这个平台得到满足。

育特色精英 迎八方人才

法学院有成绩。 根据"2017软科中国最好学科排名"之法学排名，东南大学法学院位居全国第十二位；根据教育部2018年7月26日公布的全国法律专业学位水平评估，东南大学法学院评级B；我院系2008年第七批招生院校，在同批次排名高校中排名第三。根据2018年智合发布的《近年来发展最快的十所新兴法学院》，东南大学法学院与清华大学法学院、上海交大法学院、北京航空航天大学法学院一起，位居前四，我院学科发展"特点"被总结为"有点传奇"，"人才培养定位"被总结为"培养符合中国社会经济发展需要的高层次复合型法律人"。

亲爱的同学们，这是你们将要学习三到四年甚至更长时间的家，所以，请你原谅我花了这么多时间给你介绍它，今后，我们只有一个名字——东南法学人。

同学们，法学是一门关于正义的事业。你们进入法学院，从此以后要学会以追求正义为业，仰望星空脚踏实地，关注个案研习理论。你们要抓紧时间修完所有学分，但更应该在课程之外学会学习。成功人士都是善于利用闲暇时光的人士。秉文班分流来的同学们，你们个个都是人中龙凤，在89位志愿分流到我院的秉文班同学们中，你们过关斩将最终站到了这里。到了法学院以后，希望你们上好第一课——法学院教授团队豪华阵容主讲的"法学学科导论"这重要的一课。通过第一课，你会大致明确自己的兴趣与方向；而此后三年，你则要早早树立目标并要一直奋发。根据东南大学左惟书记和张广军校长的要求，类似于"我东"这样的"双一流"高校的大学生，大学毕业以后进入国内外名校读研升学率至少应该达到55%以上，最高应到90%以上，清华就是这样的比率。我院近五年来本科生读研升学率平均是43.6%，仅2019届本科毕业生（现在大四第一学期，明年毕业的同学），已有八人获得人大、法大、武大、交大、南大、浙大等保研资格。我希望你们这一届同学更加努力，力争三年之后，能够有55%以上的同学走上读研之路。

研究生同学们，这届的你们是历届中最优秀的，没有之一。法学院的研究生生源越来越好，令人欣喜！面对如此优秀的你们，我们有理由提出更严格更高的要求。我希望同学们记住，作为研究生，你们的目标应该是研究。不要漫无目的地看书，它只会让你永远游离于问题之外；不要热衷于各种考证，它会让你误以为你学有所成；不要急着兼职赚钱，它会让你日后后悔不已；不要只知道谈恋爱，它终究会让你的女朋友瞧不起……你们要抓紧所有的时光尤其是课余闲暇时光来做研究，而研究的主要内容就是——写作。在座的硕士研究生同学们一定会很疑惑，为什么硕士生也要写作？那不是博士生们的活吗？确实，博士生们就不用说了，他们已长大成人，甚至成家立业，他们知道自己的目标就是做一只心无旁骛的"科研狗"，但硕士生其实也应该如此。对于文科人才而言，手中的笔就是你的武器，学校的新闻稿、微信里的推送美文、党课的总结、导师的课题任务、教授的课堂作业，以及日后走上工作岗位的领导讲话稿、案卷分析材料等等，这些无一不要求你会写作。不会使用武器的战士不是合格的战士，不会使用自己手中的笔的研究生也不是合格的研究生，顶多是个"打酱油"的，是混了个文凭的"吃瓜群众"而已。如何写作，让我们在课堂上手把手地教你，而我，下学期也要亲自给你们讲讲这重要的一课……

同学们，我知道，你们进入法学院带有各种迷惘和不安。这很正常，也没关系。因为，我们法学院自2018年春季即已推出了院长午餐会、教授午餐会，你们每位同学都会获得至少一次的机会，参与院长或教授午餐会，答疑解惑，探讨学术与人生。你们对自己的能力和综合素质可能有很多的期待以及不满，这也正好，"东南法学""中外刑事法前沿""数说司法"等微信公众号正等着你们来提升自己成就自我，各特色学科平台基地也等着你们在课堂之外来实践探索。你们有远大的理想和抱负，这简直就是我求之不得的。学院会尽一切条件帮助你们，就请你们尽情地成就自我，放飞理想吧。

最后，请允许我感谢今天参加开学典礼的在职硕导们。

下周一就是教师节了，祝全体教师节日快乐、身体健康，祝我们的新同学在法学院这个大家庭里学习进步、生活愉快。

做一名合格的研究生新生
——东南大学 2007 级研究生迎新致辞

2007.8.26

各位同学：

你们好！

首先我代表东南大学全体师生员工，对你们以优异的成绩考入东南大学表示衷心的祝贺和热烈的欢迎！

大浪淘沙，方显真金本色；暴雨冲过，更见青松巍峨！经过考研磨炼的你们、经过工作磨砺的你们，从激烈的考硕、考博竞争中脱颖而出，怀着探求新知的志向和憧憬未来的美好愿望，成为东南大学的新成员。你们的到来，为东南大学增添了蓬勃朝气，是一届届像你们一样莘莘学子的青春活力和对美好未来的执着追求，激励了一代代东南大学教职员工以高涨的热情和强烈的责任心为培养优秀人才而不断探索。正由于有了这不息的追求与探索精神，才使得东南大学永葆青春。

东南大学作为百年名校，历经辉煌，如今已成为一所以工为特色，理、工、医、文、管、经、艺、法等多学科协调发展的综合性大学。建校百余年来，东大涌现了一大批严谨求实的科学家，为社会培养了一批又一批优秀的人才。从东大出去的研究生因综合素质高、实践应用能力强，普遍受到用人单位欢迎和社会各界好评，他们共同创造、传承和发扬了东大的精神，这就是"嚼得菜根，做得大事"的优良传统、"止于至善"的校训和"诚、朴、雄、伟"的优良学风。在同学们成为东大人时，要自觉地学习、继承和发扬东大的优良传统，同心砥砺，求真求实，为振兴中华而读书，为强国富民而奉献，努力成为国家的栋梁之材。在此，我向同学们提三点希望。

志存高远，有恒则成

成大事者必立大志，崇高的志向是成就事业的阶梯。各位研究生同学正处在人一生中最好的黄金时段：没有本科阶段对高校生活的茫然失措，有的只是如同本科生一样激情勃发的青春岁月；没有职场中的生活压力和生活琐碎，有的只是单纯的岁月和充裕的光阴；没有本科阶段对专业的隔膜，有的只是早已打下的坚实专业基础知识……你们是最不受束缚和最具创新的人群！你们当中的精英注定要成为物理学家、数学家、土木工程学家、能源专家等各个领域的科学家，成为科技发展的生力军，成为一流高校的名师，成为院士……总之，成为社会的中坚、国家的栋梁。

然而，你们当中的一些同学也许日后只是某个国企的普通员工，也许只是一个频繁跳槽的普通 IT 人，也许只能拿一份普通的薪水，也许还会下岗。这不是打击你们，也不是危言耸听。你们的高学历并不一定如同你们内心所期望的那样是你们成功的保证，否则，就很难解释为何相同的学历教育却造就了不同的人生道路。何以至此？都是"志向"惹的祸。人的志向不同，定然结果不同。当你以出国镀金作为目标时，你就会全心致力于考 TOFEL、IELTS、GRE 的考试；当你仅仅把考上硕士、考上博士作为自己的全部人生目标时，一旦考上你可能就会丧失目标与动力，碌碌无为，虚度光阴；当你把毕业之后找个好工作、多挣钱等作为奋斗目标——只为稻粱谋，忘却了肩负的历史责任和社会使命时，你可能就只会关注你的学分是否修满……不同的人生志向，决定了不同的人生方向。所以，我认为，如果你欲在未来成就大业——决定"我主沉浮"，而不是喟然长叹"谁主沉浮"，那么，就应该志存高远。事实上，目标定得低，并非因其低就容易实现。这种例子不计其数：单纯以找个好工作为目标的硕士、博士研究生，以为完成学分、资格论文就可以顺利实现自己的理想，及至毕业时才发现，自己没有任何优势条件，在就业市场上节节败退。人才市场的选择是无情的，它总是选择那些相对优秀的，满足于学分修满这样的最低要求的人，最后面临的是就业市场的无情淘汰。

无数事实证明，目标是前进的动力。一个人追求的目标越高，他的才力就发展得越快。治学之道，有六字要诀：志、勤、识、恒、法、创。其中，"志"首当其冲。志——有志则有为，志存高远，断不甘为下流，以献身学术为己任。美国广告大师利奥·伯内特说过一句话："伸手摘星，即使徒劳无功，亦不致满手污泥。"至于环境，比如家庭的经济条件、学校的科研制约，既重要也不重要。德国数学家高斯出身贫寒，父亲是个杂工，母亲是个石匠的女儿，都没有多少文化，但是，由于努力自学，高斯最终成为大科学家。由此可见，学习条件差虽然是不利因素，但是，事在人为，只要我们立志图强，一定能够有所作为。

同学们如果定下了自己人生的宏伟志业，一定要坚持到底，此之谓"恒"。古之立大事者，不惟有超世之才，亦必有坚忍不拔之志。立志在坚不在锐，成功在久不在速。有恒则有成，坚忍不拔，认定方向，严于律己，不半途而废，则断无不成之事。古人的哲理，都在告诫我们：志向不是一时的冲动，而是长久的行动；不是一时的热情，而是永久的热爱；不是一时的坚决，而是永远的坚持！对于身处青春年华容易热血沸腾的你们，这一点尤其重要！

学无常师，择善而从

在我国现在的研究生教育中，无论是硕士还是博士，注定是要有所依归的；也就是无论如何要跟着一个导师学习，而且

是跟到底直至毕业。导师制的优点是责任制和个别化：将研究生的科研学习落实到具体的导师予以指导，侧重于对学生个别化的教学指导，有利于在充分了解学生的前提之下尽量挖掘并发挥学生的潜能，从而能够实现管理效益的最大化。但是，导师制的缺点也显而易见：它容易形成科学研究上的"门户之见"。现行导师制下，学生只能跟一个导师，加之我国的国情，人情观甚为严重，因此，A 导师的学生一般不向 B 导师讨教，以免 A 导师知道后心生不悦；"牛"导师的学生一般也不屑于向一般的导师请教，以免失了自己的身份；普通导师的学生一般不愿意向"牛"导师请教，以免被"牛"导师瞧不起。同时，学生在选择时不一定是自愿的：学生多，好的导师有限，因此只能靠统一分配或调剂解决；如果学生对导师不满意了，想调换的话会有很大的阻力，因为现行制度并不鼓励和赞同学生换导师。总之，我国高校里的导师制在一定程度上制约了学生学术潜力的发展，尤其制约了不同导师和学生之间的学术交流，容易形成"自己导师的都是对的、别的导师的一概不理"的现象。一立门户，一搞宗派，一纠缠谁是哪个师父的弟子，就无法在创造力上与别人竞争，因为很多的精彩都被屏蔽掉了。

事实上，"三人行，必有我师焉；择其善者而从之，其不善者而改之"。孔圣人之所以"金声玉振""圣集大成"，正是因为其学无常师，择善而从。"别裁伪体亲风雅，转益多师是汝师。"杜甫之所以能达到诗歌艺术的不凡境界被尊称为"诗圣",就在于他虽不否认前辈大师为"师",但他拒绝承认是某某大师的门下弟子,而仅仅将自己"转益多师"的学习方法奉为"汝师"。这是他最高超,也是直到现在中国人做学问、搞创意都跟世界差距最大的地方。所以,同学们要勇于在事实上——所谓"事实上"是因为你不可能在现实的体制之外自己选择学习的方式,而只能在实际学习时做到这一点——打破导师制。"留心处处皆学问",多向导师之外的别的老师请教,即使他们之间水平有差距亦不妨碍:一字之师亦是师。如果囿于门户之见,学术上独尊一家,其余的一棍子打死,那就会扼杀真正的创造力,将学术简单化、纯粹化了。"转益多师是汝师",无所不师而无定师。无所不师,故能兼取众长;无定师,不囿于一家,虽有所继承、借鉴,但并不妨碍自己的创造性;善于从不同的角度学习别人的成就,在吸取的同时,也有所扬弃。事实上,目前国内有的高校提出了"导师联席制",有的实行"导师组制",就是为了倡导"学无常师,择善而从"。

科学立世,人文为本

当今东南大学虽然号称"已成为一所以工为特色,理、工、医、文、管、经、艺、法等多学科协调发展的综合性大学",然而,"以科学名世"的东南大学,仍然强调的是"科教兴国",重视的是应用基础研究和重大战略高技术研究;全校

30多个院系,理工科占90%以上,人文社会科学的力量微不足道;东大的学科特色仍然是走的"科技是第一生产力"的发展道路。

"大学之道,在明明德,在亲民,在止于至善。"《礼记》中的这段话,意在表明大学的生命在于其日新之德。今日东南大学正在践行"止于至善"的校训,而致力于建设综合性、研究型、开放式的国内外知名高水平大学。为配合这一目标,面对在座的各位,强调加强人文素养尤其必要。因为在座各位既是这一奋斗过程的见证人,更是推进东大朝着文理科综合方向发展的主力军。

研究生教育培养的是专才,培养出来的研究生需要对某个特定的领域有比较深入的理解。因此,研究生们大多致力于钻研自己的专业知识,而不关注人文精神的培养;只关心自己学历教育的成果,不关心自己的人格是否健全。在重理轻文的我国传统教育背景之下,更是如此。这就形成了这样一种结局:小学教育是"听话教育"、中学是"分数教育"、大学是"知识教育"、研究生是"职业教育",尤其是理工科大学的研究生,被培养成高级"技术工匠",而不是具有创造性的人才。正如爱因斯坦所说,通过专业教育,人可以成为一种有用的机器,但是不能成为一个和谐发展的人。事实上,大学并非仅仅传授技艺的场所,大学是养育人文精神的地方;从大学出来的人,应该是全面的、具有综合素质的人。

温家宝总理在今年5月参加上海同济大学的百年校庆时就

指出，无论什么样的大学，都要有综合性。一个民族有一些关注天空的人，他们才有希望；一个民族只是关心脚下的事情，那是没有未来的。目前的大学教育功能似乎有些异化为生产"岗位工作者"的流水线：过分强调岗位能力的培养，过分强调就业率，而忽略了对学生人文素质的培养。21世纪的今天，我国政府和领导人都强调高等教育既要培养"专才"完成"专业教育"，又要培养"全面发展的人"完成"人文教育"。我们固然需要大量"关注脚下"的人，但是，我们更缺乏的是"关注天空"的人。只有经常地仰望天空，学会思考，学会做人，学习知识和技能，才能成为视野开阔、胸怀博大、目光深邃、精神独立的人，才能成为具有开拓未知领域的勇气和能力并能站立在时代潮流最前端的人！

《礼记·大学》讲得十分精彩，格物、致知、诚意、正心、修身、齐家、治国、平天下。格物、致知，是说人要尊重客观现实和自然规律，要研究并认识客观世界，也就是要讲究科学。诚意、正心、修身、齐家、治国、平天下，则同人文密切有关。意不诚，心不正，身不修，人而不人，似人非人，即反人文，则必祸必灾，更何谈齐家、治国、平天下？一个社会，一个人，科学与人文是不可分割的，不可缺一的。科学与人文，两者相融则利，相离则弊。总之，科学是"立世之基"，人文是"为人之本"。

华中科技大学前任校长杨叔子教授有句名言："一个国家、一个民族，没有现代科学，没有科学技术，就是落后，一打就垮;然而,一个国家、一个民族,没有民族传统,没有人文文化,就会异化,不打自垮。"希望各位未来的科学家在闲暇时多读一些人文科学方面的书籍,多学学历史、学学艺术、学学哲学……第一,人文可以为科学引导方向,树立对民族、对国家的高度责任感。陈毅元帅说过,一个空军飞行员不会开飞机不行,但是如果很会开飞机,驾驶技术很好,开到敌人那里去,反过来打自己的人民更不行了。第二,人文使人开阔视野。多一些人文知识,使人知识渊博、视野开阔、提升精神境界、放开想象力。只会逻辑思维的人,看到一块石头就是一块石头,一粒沙子就是一粒沙子,他产生不了联想,无法形成对事物的整体概念;而形象思维和逻辑思维能力结合紧密的人,他却可从石头里看到风景,从沙子里看到灵魂,更能把握事物的本质。第三,人文科学能够陶冶情操,培养健全的人格,启迪思维、智慧。良好的人文素质教育,还能塑造良好的个性,形成完美的人格,更好地适应全面发展教育与个性教育的要求。

如果大学只能生产千人一面的"就业产品",那是大学的不幸;如果大学不能培养出"关注天空"的人,这是民族的悲哀了。各位在座的同学,如果要成为视野开阔、胸怀博大、目光深邃、精神独立的人,就必须在自己的专业之外,超脱脚下的事情,多加强自己的心性修养、人文修炼。

同学们,作为一名高学历人才,希望你们在新的学习生活中忘掉以前的成绩,一切从零开始。容万千云涛,居高不傲;

携无限生机,优而不骄。希望你们在今后的学习生活中能够明确目标、博采众长、学以致用、开拓创新。最后,衷心祝愿同学们在未来的研究生生活中身体健康、生活快乐、锐意进取、再创辉煌。

做一名合格的大学新生
——中南财经政法大学 2002 级本科生迎新致辞

2002.9

各位尊敬的校领导、各位老师、各位同学：

你们好！

在这金秋丰收的时节，我们美丽的南湖之滨又迎来了一批朝气蓬勃的学子。春秋交替、寒暑相易，各位学子经过十年寒窗苦，经受住高考的神圣洗礼，最终迎来了自己收获的季节。千淘万漉虽辛苦，吹尽狂沙始到金。值此良机，请允许我代表中南财经政法大学的全体教职员工对你们的成功致以最诚挚的祝贺。对你们的到来表示最热烈的欢迎。

十余年前，我和在座的各位学子一样考入这所学校。而今，我已是在这所学校工作了十年的一名法学教师。作为一名从中南财经政法大学的学生成长起来的青年教师，我经历了她恢复重建时的艰难，目睹了她飞速发展的点点滴滴，见证了她在高校合并改革中的发展壮大。现在，我校已成为以财经类和

做一名合格的大学新生

政法类为主流的全国一流的人文社会科学高校之一。合并后的高校，具有同根同源的亲缘优势、相容互补的学科优势、人才雄厚的资源优势、居中辐射的区域优势。这些优势条件为学校发展为新型的人文社会科学类大学开拓了广阔的前景。学科的设置上，新的中南财经政法大学拥有法学院、工商学院等9个学院，共有24个本科专业、33个硕士点、14个博士点、2个博士后流动站；硕士生和本科生均有外国留学生招收权；拥有省部级重点学科14个，形成了"学士—硕士—博士—博士后"层次完备、结构合理、学位点覆盖面广的人才培养体系。我校雄厚的教学科研实力和完善的学科结构，使得中南财经政法大学培养出来的学生深受社会各界的欢迎。我校为社会输送了一批又一批的法律专业人才和财经类人才，为我国经济建设和社会发展做出了巨大贡献。

我，和许多在这里学习过的人一样，和许多受母校的栽培，而今在各自的岗位上发挥着不同作用的校友们一样，对母校充满了无限感激之情。我从一名本科生到硕士生到博士生再到博士后，从一名助教到讲师再到副教授，从一名不知法学为何物的涉世未深的少年到今天徜徉于法律的知识殿堂并深深地为之着迷的青年，这其中的每一点进步，都是和中南财经政法大学——我们的母校——的老师、同学分不开的。这里有依山傍水、花草飘香、空气清新的优美环境，有学识深厚、尽职尽责、热爱学生的教师同仁，有自由宽容、平等交流、求实创新的学术气氛，有大胆发问、富于创造的学生——正是这一切催

我不断进步,不断攀登事业高峰。

今天,看到脸上洋溢着笑容与喜悦的你们迈进校园,我仿佛又看到了昨天的自己,仿佛又回到了那段难忘的学习时光。大学生活是美好的,但又是短暂的、富有挑战性的。大学阶段虽有四年学制,乍一听时间似乎很长,然而早有过来人对大学生活的四年作出了概括:一年级要适应,四年级要找工作,真正的学习时间只有二、三年级。虽然这样的概括未见得准确,但它确实形象地描述了大学四年时间的短暂。尤其是,如果同学们不及时地调整自己在中学阶段所形成的思维习惯和学习方法,不加快从中学生到大学生的角色转换,恐怕真正有效的学习时间会更短;或者说,即时投入了时间,有效的学习收获却不明显。如今的大学校园已不再是一个与世隔绝的象牙塔,市场经济的气息已浓浓地融入大学的每一个角落。这种时代背景下的大学生活与高中生活有着质的区别。站在这新的起航点上,面对新的人生学习阶段,我们在座的每一位同学应该如何去适应新的环境、完善自己的人生观和价值观,以迎接新的挑战,取得新的成绩呢?针对这个重要的问题,结合我个人的一些经历和体会,我向各位新同学提出以下几点建议,供各位同学参考:

教管模式的转换适应

如果根据同学们在校学习期间学校管理的松紧程度来加以区分,那么,中学的管理模式可以概括成"封闭式"的,大学阶段的则基本上是"开放式"的。

在中学阶段,同学们的角色是被动的,一切以高考为指挥棒。在此前提下,各个班集体的班主任为了鼓励和监督学生学习,对学生实行严格的、无微不至的管理。班主任既像老师又像父母,每天从早读开始到晚自习结束,班主任基本上都是陪伴在侧。因此,中学时的班主任了解每一个学生的一言一行,了解他们的学习情况,对学生的观察可以说是细致入微。对于各种考试失利的原因,班主任会及时加以总结;对于学生抵触或懈怠学习的情绪,班主任会及时提出并加以纠正;对于好的学习经验,班主任会及时加以推广;对于成功的高考典范,班主任会加以宣扬。学生相互之间因忙于高考备战,也少有时间交流;各班级之间亦是如此。中学里的课程基本上是固定不变的,语文、数学、物理、化学,从一年级学到三年级;各门课程的任课老师也一般是不变的,从初一教到初三,或者从高一教到高三。固定的教室、固定的班主任、固定的任课老师、固定的学习课程、固定的同班同学,这样一种学习模式,可以说是"封闭式"的。班主任就是这种"封闭式"学习的看管人。在这种"封闭式"的学习模式之下,学生对班主任和任课老师养成了很强的依赖心理,学生有任何学习上的困惑或生活上的困难,总是最先想到找班主任或任课老师解决;学生也习惯了在班主任和任课老师的严格管理之下,每天按时地参加早晚自习以及其他各种课程。学生在学习上的主观能动性和独立自主性相对比较小。

然而，在大学里，情况却大不一样。大学里虽然每个班级也配有班主任，但是大学里的班主任在学生的学习过程中所扮演的角色、作用不同于中学时的班主任。大学里的班主任不会天天过问学生的学习情况，不会每天盯着学生上下课；大学里没有规定的早晚自习，这些时间都是除了上课之外的课余时间，班主任不会去强求，当然更不会盯着学生一定要早读或晚自习；班主任不再像中学时那样过于看重学生的考试分数，而是更强调个性的发挥；班主任对自己本班的学生不一定会了解得很透彻，甚至在学生想找班主任时也不一定马上就找得到。班主任对学生的管束只是在一些原则性的、大的问题上负责任，而绝不会像中学时那样面面俱到、事事周全。大学里的课程不是从一年级学到四年级不变，而基本上是每学期的课程都不相同，课程门数多达几十门。任课老师也随着课程的变化而变化，流动性很大，常常是刚与一位老师熟悉了，又与一位新的老师相识了；教室也是每学期各不相同。总之，它再也不是一成不变的教管方式。因此，大学实行的是一种相对于中学而言"开放式"的管理。绝大部分同学进入大学后对大学里这种"开放式"或者说"松散式"的模式很不适应，并会怀念中学时期班主任对学生细致周到的关心，怀念中学里那种被严格管理之下紧张的学习气氛，怀念中学里只需要考个好分数，其他事事有班主任操心的模式。这种对中学教管模式的依恋心态恰恰反映了中学生到大学生角色转换过程中的心理不适。

因此，同学们进校以后，对于大学里这种相对"开放式"

的教学管理模式应尽快适应,不要再把自己当作小孩子看待,要意识到你们各位是已满 18 岁的成年人,中学里的"封闭式"教管模式已不再与你们的年龄相适应。你们要培养自己独立思考和学习的能力,意识到自己就是学校的主人,而不是被管理的对象;把自己当作自己的管理者,淡化中学时期形成的对班主任、对任课老师的依赖形态,培养具有严格内在自律的独立学习心态和能力;意识到除了学习之外,你们还会面临生活中或者说人生成长道路中的各种问题,这些问题很难像中学时期那样有老师或者父母替自己操心,而都需要自己去面对、去解决。你们只有在大学四年中养成了良好的独立思考问题和解决问题的能力,今后走上社会才有可能独当一面,建功立业。

学习方法的重新定位

作为天之骄子的各位同学,来到大学里的最主要目的当然是学习。然而,中学和大学里的学习方法也是极不相同的。中学是一种"灌输式"的学习模式,老师在讲台上仔细讲解,学生在讲台下认真做笔记;老师给学生批改每一天、每一次的作业,学生及时加以纠正;老师定期给学生举行诸如期中考试、能力水平考试等各种不同形式的考试,学生及时掌握自己学习的最新进展。总之,学生只需要配合老师讲授,只需要和老师一起围着高考的指挥棒转就行了。但是,大学里实行的是"引导式"的学习模式。"教育"的英文是"education",来自拉丁

文"ex"和"duco"。"ex"的意思是"从出","duco"的意思"引导",合起来便是"引导出来"。因此,大学教育以引导为主,正是符合"教育"一词的原本含义。没有那么多的考试,没有必须达到多少分的规定。授课老师没有如同中学老师的升学指标的压力,他们只需要将本学科的课程并结合自己的研究方向和兴趣点,进行详略有别、深浅不一的讲解,通过其讲解,把学生个人原有的潜在能力引导出来。至于学生侧重于何门课程的学习,当然与老师的讲授好坏有着很大关联,但这种关联完全是逐步引导的结果,而不是强制的结果。因此,在大学这种"引导式"的学习模式下,学生如果不掌握正确的学习方法,很可能一学期下来,一门课结束后,自己好像一无所获。

那么,在大学里究竟应该如何学习呢?

首先,要培养学习的兴趣。强扭的瓜不甜,强灌的知识不牢。要想牢固地掌握某种知识,必须要对它有着浓厚的兴趣。因为需要是发明之母,兴趣是学习之师。只有怀着强烈的求知愿望,才能在大学这片知识的海洋中充分汲取营养。而学习的兴趣并非天生就有,它也需要我们后天的培养。这就要求同学们在学习的时候,善于发现问题和思考问题,多问几个为什么。如果当你对这些"为什么"都回答不上来或回答不圆满的时候,人的好奇心就来了,你就想探个究竟,想知其然并知其所以然。有了兴趣,不待扬鞭自奋蹄。

其次,就知识的整体学习而言,要处理好博与专的关系。

做一名合格的大学新生

也许有同学会问,我同时对很多不同的专业课程都有兴趣,可是我的时间、精力又不够,我该怎么办?知识的海洋是无边无际的,只有有所为有所不为、有所学有所不学,才不至于在知识的海洋里迷惘。因此,同学们的学习还要注意处理博与专的关系。在两者关系的处理上,我认为在本科阶段,应该以博为主,辅之以专,也只有在博的基础上才能谈得上专。其顺序应该是由博到专、先博后专。西谚云:"Knowing something of everything and everything of something." "something of everything"指读书的博,大家既要对诸如法学、经济学等不同学科中的每门课程有所了解,还应该对自己所学的专业之外的学科,实际上也就是整个人文社会科学的不同领域进行广泛涉猎,诸如法学、经济学、社会学、政治学、哲学等。大学时期是一个人学习精力最旺盛的时期,在这个时期的广泛阅读,对于提高我们的思辨能力、逻辑能力、语言能力等都有着极大的好处,会对一个人的一生(包括人生观、世界观、知识结构、学识素养)产生深远的影响。在我看来,将读书限于一定的范围是最愚昧的。可以说天下没有白读的书。读书像吃饭,饭要一口一口地吃,不能说是最后一口吃饱的。读书也是这样,书要一天一天地读,由此形成一个人的知识结构。以法学为例,香港大学法学院院长陈弘毅就曾经指出,现实社会对法律人才的要求越来越高,不仅要有经济才能,更要有社会、政治能力。各学科的界限越来越模糊,互相渗入和聚合,这也使得21世纪的人才必须具有多方面能力,因此也就可能胜任很多种工作。"everything of something"指读书的专。读书读到一

定程度应当有所聚焦,即专心攻克某一问题。任何科学史上某一重大发明的出现、重大理论的提出,莫不是科学家们对某一问题长期集中思考钻研的结果,要想最终出大的成果,还必须在渊博的知识结构之上集中钻研某一问题。譬如你是学经济学的,最后你只研究其中的金融问题,更进一步,你只钻研其中的证券问题。现在社会的知识越来越专业化、专门化,一个人想成为通才既难也不可能。

我再次强调,以博为主,以专为辅。因为在同属于人文社会科学的学科如法学、经济学、行政管理学等中,各门课程的基本规则、原理是相通的。如果过早地偏好某一门学科,有可能一时在这门学科上有所造诣,但从长远来看,最终难有大的成就。大学——"university"原本的含义就是"联合",它强调的就是多种学科、多种知识的集合机构。不过早地局限于某个问题,而多多吸收不同学科或同一学科的不同知识,这才符合大学设立的本意。

最后,就每一门课程的学习而言,要处理好粗与细的关系。"粗"即是一门课程的总体框架,"细"则是指一门课程的具体内容。要学好乃至扎实地掌握一门课程,在这两者的关系处理上要由粗到细,或先粗后细。换言之,要先掌握一门课程的总体框架,然后再向这个框架中添加具体内容。这就好比建造一座楼房,先要将楼房的架子搭起来,再向其中添砖加瓦,乃至粉刷。学习一门课程也是如此。任何一门课程都是按照一定的体系建立起来的,接触一门课程,我们首先就要抓住它的体系框架。这门课程到底有哪几个方面的内容?这些内容是按什么样的线索或标准组合在一起的？每个大的内容中又包含什么小的内容？以刑法为例，它包括的主要内容是两条线，即什么是犯罪、如何对犯罪进行处罚。知道了刑法学无非是解决这两个问题之后，再来对这两个问题中的一些细节问题进行学习。这样学习的好处，一是便于我们迅速地进入对一门课程的学习，以免学了半天还不知所学为何物；二是能在我们头脑中形成较深的印象，不至于过早地遗忘。整个大学期间我们要学几十门课程，若干年后回忆起来，我们是否还能记得学过课程的内容呢？只有总体上知道一门课程讲了什么，才会在自己的头脑中形成深刻的印象。学完了不同的课程，还应进一步思考这些课程之间的内在联系是什么。譬如宪法、法理、行政法、刑法等学科之间有何区别和联系？这样的思考，都是有利于巩固我们所学的知识。

良好品行的训练

前面我讲的都是关于如何学习的问题，然而，大学的目的还不仅仅在于传授知识，教人学习。英国剑桥大学教授巴克在论大学教育时曾经讲过："大学要达到它的鹄的，不仅在发展智慧，也在于从师生聚处的群体生活中自发的诸般活动，养成道德的骨干。'范成品性'，像'发展智慧'一样，贯彻着我们的大学教育。"而今，这已成为现代大学的共同理想。因此，大学里学习固然重要，但是舍此之余，同学们还要牢记个人的修身养性。所谓"范成品性"，就是要求我们各位同学要养成良好的个人品德性格。大学期间往往是一个人的人生观、价值观形成的关键时期，也是一个人品行塑造定型的重要阶段。所以，各位同学在努力学习文化知识的同时，还应当加强自身的修养，不断反思自己、检讨自己。丰富多彩的大学生活与单调的高中生活不可同日而语，大学新生很容易在新的宽松的环境中迷失自我。同学们要保持一种平和的心态，以诚实的心灵对待身边发生的一切事情。要在大学学习生活中养成谦虚的作风、务实的态度、不屈的精神、勤奋的品格。对于大学里的各种社团活动，要积极参加，以提高自己的社会活动能力和交往能力。如果对社会缺乏了解，那会极大地妨碍日后我们将书本知识运用于实际。此外，适当的体育锻炼也非常有利于我们的身心健康。

最后，我要说的是，每一个大学都有自己的传统，每一个身处其中的学子都应该努力从其中汲取营养，使之成为终身受用的财富。要记住，只有勤奋才能打造一个崭新的自我。相信在座的各位同学都是怀着一腔抱负开启这人生的崭新一页。然而，千里之行，始于足下；天下大事，必作于细。希望同学们在即将开始的新的学习生活中，锐意进取，再创辉煌！

东南大学 111 周年校庆致辞

2013.6.6

尊敬的各位领导、各位老师、各位同学、各位朋友：

你们好！

今天，我们在这里欢聚一堂，共祝我们的母校——东南大学 111 周年华诞。我们的母校，伴随着清末三江师范学堂而诞生，见证了历史的风云际会，伴随着新中国的成长而成长。我们的师友和同学，参与了母校波澜壮阔的奋斗过程。在此，请允许我代表广大教职员工向母校致以最诚挚的祝福，对海内外校友、各位教师和同学、各位来宾表示由衷的感谢和敬意。

2006 年，我来到东南大学。记得第一次踏上这片土地时，优美的校园环境、悠远的人文底蕴、雄伟的教学大楼、云集的学术大师……无不令人印象深刻。沐浴在东大浓厚的文化氛围中，很快令人找到家的感觉。领导们真诚的关心和信任、同事们无私的帮助和指导、同学们赤忱的热情和鼓舞的笑脸，使我先后取得了一些成绩。今天，我想借此校庆盛典，满怀感激之情地向东大的领导、同事和同学们说一声：谢谢你们。

法律人的谋生与谋道

百年东大,名师辈出,薪火相传;百年东大,还有更多默默奉献、辛勤耕耘的东大人。你们中的每一位都是我学习的榜样!抚今追昔,我们每一位教师都深刻感受到:东大是广大优秀学子向往和汇聚的地方,东大是一片师生创新的热土,东大更是教师们热爱的乐园!每一位教师只有用心教书,潜心钻研,敬业乐业,才能无愧于这片热土,无愧于莘莘学子。

111年校庆,既是历史的阶段性总结,又是对未来的无限展望。让我们所有东大教师秉承"诚朴求实,止于至善"的精神传统,为国家、为社会培养更多德才兼备的杰出人才,创造更多璀璨的思想文化和科学技术成果。

祝愿东大的明天更美好!祝各位领导、师友健康快乐、事业有成!祝同学们学业进步、学业有成。

二十载芳华重聚 友谊与青春绽放
——东南大学法学院1995级毕业二十周年聚会祝愿语

2019.7.12

亲爱的同学们:

你们好!

今天,251951班的28位同学在此聚会,虽然有几位同学由于各种原因没能来参加,但是,我相信此刻他们的心情和你们是一样的,并且他们一定也在默默地关注着今天的聚会。亲爱的同学们,你们是东南大学法律系首届本科生,也是东南大学法学院学弟学妹的大哥大姐。首届,是一个有分量的概念,它注定了在座的各位同学和你们的班级,是要写进东南法学的历史的,也注定了你们会得到学院更多的关注,比如今天你们就得到了我亲自撰写的聚会祝愿语,这在以往所有法律系或法学院同学聚会中,是首次。

亲爱的同学们,1995年,当你们踏进东南大学的校门时,美丽而古老的四牌楼见证了你们的成长；1999年，当你们走上社会时，九龙湖校区还未有筹划……而今天，一切是如此不同，你们的母校有了翻天覆地的变化，东南大学入选一流大学A类、一流学科总数并列全国第八，本想低调处理奈何实力不允许，长期以来被误认为福建某三本的"我东"借助"双一流"高校建设的东风以及全国第四轮学科评估中的优异成绩，不仅全国圈粉，而且终于在影响力上打了个翻身仗，实现了实力和影响力的完美契合。

而"我东"法学院，这所你们毕业七年后学校才复建的学院，从2006年至今，十三年短短的时间，向学界宣告了何为传奇。2011年学院获批法学一级学科硕士点，2016年获批法学一级学科博士点，同年获批省重点学科。十三年来，学院在"交叉性、团队式、实务型"的办学宗旨之下，不但充分发挥传统宪法与行政法、刑事法、民商法等学科的优势，更是在交叉学科的道路上高歌猛进。工程法、医事法、交通法、司法大数据等交叉学科领跑全国，司法大数据学科更是一举拿下全国文科首个重点研发计划项目，并携此东风率先进入东南大学面向2030年"十大科学与技术问题"，完成了东大文科的飞跃。今天，"我东"法学院，已是上海软科中国最好学科排名中的第十名，进入了全国前5％。

亲爱的同学们，感谢你们今天的聚会，让我们有机会展示母校的成绩；感谢你们的聚会，让我体会到了什么叫作"愿你出走半生，归来仍是少年"。看，今天的你们风华正茂，你们

二十载芳华重聚 友谊与青春绽放

依旧年少;你们没有皱纹,你们也没有油腻;你们非常友爱,你们亲如一家;你们有老有小,你们也非常艰辛……为此,我由衷地为你们高兴。二十年前,你们借助在母校学到的知识,找到了立足之地和就业之所;二十年后,你们的所见所闻、所做所感,无疑大大丰富了你们的见识。万里烟波一叶舟,过山过海跑码头。经过二十年的自我成长与发展,你们应该已基本实现父母所期待的以及自己所预设的人生目标;你们的下一步,应该是努力追逐实现自己的人生理想……你的前半生应该已是精彩纷呈,在此我要祝愿你们的后半生更加顺利。你们要常常聚聚,多交流多忆旧;你们的聚会也一定要多邀请母校的老师,并且最好是亲自邀请我,否则"请客不请我,心里怪冒火"。就像此刻,师生共聚一堂,多么其乐融融。今天,我虽在外地不能参加,但我的心与你们同在。

亲爱的同学们,你们证明了东大法律系的历史与光辉,你们对法学院的关注,既见证了东南法学的凝聚力,更传播了东南法学的影响力。在此,我要感谢各位同学。光阴荏苒韶华易逝,对于个人、对于学院,都是如此。今天的你们仍在打拼,今天的"我东"法学院,仍在成长。明年,国家第五轮学科评估就要正式启动,现在,我们的法学院正在紧锣密鼓地进行各项筹备工作。可以说,自1995年恢复法学专业以来,"我东"法学学科二十四年的努力,都是为了冲刺明年教育部的"沙场大点兵"。而今,你们的支持,将对学院的发展至关重要,因为未来学科评估将在传统关注学科发展"硬核"指数的基础之上,也同时关注校友力量、发展基金等"软核"指数。和北

法律人的谋生与谋道

大、清华、人大等一流法学学科相比,"我东"法学院的发展基金起步晚、基金数量小,未来急需进一步提升。亲爱的同学们,在此,我恳请你们多多关注和支持母校母院的发展。在 2016 年法学院成立十周年暨法学学科发展二十周年的晚会上,我犹记你们带着孩子们一起朗诵纪念 1995 年入学至 2016 年的那首声情并茂的《芳华二十载》,毫无疑问,你们是有情怀的莘莘学子。我也说过,每一位同学捐赠给学校的,哪怕是一分钱,那也是同学们的一片爱心,也是对学院的一份关注,而这份爱心的传递和关注力的存在本身,才是最重要的。为此,我先感谢各位同学。感谢你们以往对学院作出的各种支持,也恳请同学们在今后的岁月里,进一步大力关注和支持学院的各项发展。月光之所以令人迷恋,是因为它有抵抗黑夜的力量;同学们对学院的关注和支持,就是你们赋予学院抵抗困难的力量。

同学们,二十载芳华重聚,友谊与青春绽放,你们是何等幸福。我祝愿你们:在岁月的磨砺中,能够生成君子相但又保持少年心,无论岁月如何更迭,你们要永远有朝气、有活力,保持"年轻肽"与青春心。也希望你们:在完成了自我生存、家庭建设等谋生层面问题的同时,也勿忘学院发展、社会引领等谋道层面的问题,请你们不要忘记作为法律人社会人的那份责任和担当;希望你们后半生继续努力,不要忘记"我东"对各位校友成长为社会领军人才的殷殷期望。

祝同学们聚会愉快。

非心非念 物我两忘
——疫情期间网课初体验

"北大法律信息网"微信公众号

2020.9.10

今天是教师节。教师的主要工作就是授课,然而,回首今年上半疫情期间的网课,别有一番滋味在心头。

2020年上半年的疫情使人类真实世界几乎停止了运作,网络通过节点和连接这些节点的链路,使得人类世界继续保持了有效运转。网课,则是使校园保持正常运转的重要方式。教师一夜之间成为主播,只不过带的货不是商品而是知识,那些课上得多、上得好的教师则成为网红,比如B站上粉丝量极大的一位青年教师;学生一夜之间成为消费者,消费与吸收网课上老师传播的知识,只不过是不用掏钱的消费。不过,老师上课和主播带货实则大不相同。如果说,实时互动+视频的呈现,使得主播很轻易就能种草、玩紧迫感与视觉刺激来促销并使用户一激动就购买商品,那么网课则恰恰相反。网课教师有如面临万丈深渊,网络那头的学生,只有闪烁的头像和飘忽的声音,他们可能虽然都挂在网上,看似到课率极高,但极有可能是"人在网上,心在远方",玩手机、吃东西……种种表现不一而足。毕竟,知识并不是商品,并没有它看上去的那样有吸引力;尤其在网络时代,对于习惯了快餐与碎片化消费的年轻学子而言,知识可能是吸引力下降得最快的东西之一。

上网课的校园也属于虚拟的校园,可爱的学子们散落在全国各地,唯独不在校园,这是很多从大学时期起就离开父母身边的"神兽"又回到父母身边过得最长的一段时光。网课,使得疫情期间的全国高校实现了在线开学。据说,全国有90多万名高校教师利用慕课、虚拟仿真等多种形式在线教学,教师们从忙乱、抱怨、紧张、兴奋,到从容、淡定、熟练,凝心聚力抓教学的热潮多年未见。2020年春季,恰好我开设了一门研究生的课程"外国刑法总论"。这种从忙乱到抱怨最后到从容的心态,也是我上网课历程的真实写照。

在经历了网课开始之前的等待(疫情过去)与抵触、网课开始之后的忙乱与抱怨之后,很快我掌握了网课的特性,了解了它的节奏和效果;面对网络那头的"神兽",为了让他们上课真正实现"人到心也到",我采取了过程式+沉浸式教学方式。

过程式教学方式,是指课前预习、课中互动、课后练习的过程式教学模式。课堂前,我会提前布置学生做好预习。课堂中,在讲授的同时我常常突发性与启示性地提问。突发性提问

非心非念 物我两忘

是指，在课堂中间突然袭击，没有任何预期地提问，以检查学生听课的效果以及人和心是否都在课堂；启发性提问是指，不问书本上的死知识，而是结合讲到的问题点提一些看似常识性但实际可能有一定难度而如果仔细思考又能回答得上来的问题。比如讲到古典自由主义思想家们的社会契约论时，我就会结合疫情期间的社会管理让学生举例回答。能领悟到社会契约论精髓的同学和有敏锐社会洞察力的同学就会告诉我，疫情期间的健康码，其实就是一种类似社会契约论下的产物。课堂后，我会根据每次课堂讲解的内容布置一篇不限字数的小作文，来了解同学们的听课效果与思考能力和知识面，并对作业进行批改后，在下次课开始时宣读表扬名单，从而鼓励同学们独立思考。课外业余时间，我会鼓励同学们多读多写，并及时在微信里与同学们分享学术文章。过程式的教学，使得我和学生们仿佛时时刻刻在一起，虚拟世界通过全过程教学管理而真实了起来。

然而，过程式教学方式的过程再完整，其中最重要的过程仍然是"课堂中"。过程式的教学方式，其实更加类似于一种全过程的教学管理模式；真正的教学毕竟是在课堂上，那里才是呈现"干货"的主战场。针对网课直播的特点，我在课堂中采取的是沉浸式教学方式，即沉浸在课堂讲解之中物我两忘式的教学方式。在这个世界，有部分人想事半功倍甚至不劳而获。但是，如果心念太杂想得太多、得失心太重，任何事情都是做不好的；一旦你的心想着其他利益性的东西比如结果，你的心力聚焦就偏离了做事本身。心正则身轻，身轻则事成。上网课也是如此，不要去管学生有没有认真听，网络那头的他本来就不在老师的视线之内；也不要管自己会不会讲错话；不要管学生教评打分会不会低；更不要管视频里的自己是否需要打光或者美颜……你只需要想：我如何沉浸在我将要讲的内容之中，像一台精彩的演出那样，使它呈现出最好的效果？为此，每堂课前，我都会将要讲的内容准备好，一旦课堂开始，犹如启动程序按钮，遇山过山遇水过水，一路通畅，直到课堂结束。为了使得这种沉浸式教学具有最好的连贯效果，三小时的上课时间我只会在课堂中间休息一次五到十分钟。沉浸式教学产生了很多表情包，因为一旦投入其中，表情手势等都会自然流露，为此我会关掉视频，这样可以更好地让学生跟着我的讲授走心。因此，沉浸式教学应该说是做到了"全情投入、激发兴趣，确保线上线下实质等效"的要求。

每次课结束后，虽然因为过于投入而非常累，但与此同时身心也会觉得非常畅快淋漓，很有成就感和愉悦感。如果说网络时代的平台以无数的弹幕强化了"人类的悲欢可以相通"的感受，那么，沉浸式教学则以教师的全身心沉浸其中强化了"非心非念，物我两忘"的精神状态，并由此散发出课堂强烈的吸引力。

过程式＋沉浸式教学，是我的网课初体验，也是我上网课的一点心得。合理利用虚拟世界的无限性和智慧云教学的优势，网课是能够实现线上课程与线下课程的优质等效的；只要老师们的讲授是干货满满的，学生们的收获就会是实实在在的，虚拟世界的交流也因此会变得真实起来。而且，网课有线下课程所不具备的马太效应，尤其是在大型直播平台进行授课或者开设讲座，会使学者的学术观点和学术影响力传播得更快更远。疫情期间的网课给我的另一个感受就是，即便发生了疫情这么严重而突发的公共卫生事件，总体上，老师这个群体依然可以写作、可以授课、可以和学生们通过网络正常地交流，作为一名教师，这是一件非常幸福而又值得珍惜的事情。

我在北大做学术

2003.9.24

北大研究生会要出版《我在北大做学术》一书,并邀请历届"研究生学术十杰"谈谈自己的学术心得。作为北大首届"研究生学术十杰"法学院学生中的唯一得主,我对此感到诚惶诚恐。"诚惶"者,虽然我在刑法学领域求学多年,然而,知识的海洋如此宽广,常常令我感到自己的无知而惶惶然,并时常想起西哲苏格拉底的一句话:"我一无所知,唯一比你们知道得多的是,我知道我不知道。""诚恐"者,以我70年代生的年轻学人,虽然目前也拥有了教授、博导等若干虚位虚名,然而在学术上,造诣尚浅。在刑法学这门传统而悠久的学科园地,名师大家众多,青年才俊辈出。凭我尚浅的学术就大谈"学术心得",恐怕贻误他人。

尤其是,在我读了《读书》杂志2003年第3期刊登的李跃武先生的文章《想起和晚年艾芜老聊天》之后,对于这类以谈"心得"或"成长经验"等为主题的谈话或撰文更是力求避之。艾芜作为我国现当代的著名作家,不但自己著述甚丰,且在早年曾对川剧的发展和兴盛做出了极大贡献,但是每当作者李跃武先生的父亲和其他友人谈及此事,并将功绩归功于艾老等人时,艾老总是很谦虚地说"不敢当"。艾老还曾对作者李跃武讲过一个故事。在1979年全国第四次文代会期间,艾老和沈从文先生再次见面。出于对老友沈从文崇高的文学成就的尊重和景仰,以及对老友苦难生活历程的知晓,艾老于是建议沈从文先生要"赶快写回忆录",不然知道中国现代文学史的人将越来越少,中国文学史特别是现代文学史不知道会被别有用心的人臆造成什么史。出乎艾老的意外,沈先生在听了老友的建议后,平淡冷静地回答了老友三个字:"不敢当。"沈先生三个字一出,艾老当时心都惊了。他顿时觉得自己没有沈先生的境界。沈从文先生和艾芜先生的造诣和对我国文坛的贡献不可谓不大,可是二位先生却有着一般人没有的"大自知自明"。他们于平静中吐出的三个字"不敢当",不但震撼了该文的作者李跃武先生,更深深地震撼了我。对此,我心中万分叹服。大师尚且如此,何况我等小辈乎?至此,我也更加坚定了潜心向学、少夸夸其谈的个人行事风格。

不过,不谈学术心得,并非不能谈谈其他的。如果说我学有所得的话,这"得"除了要归功于诸多老师的栽培之外,更主要的是,应归功于北大浓厚的学术氛围和自由的学术空气。因此,在此我只想谈谈北大是如何影响我逐步走向学术之路的。

于我而言,对我人生影响最深、改变最大的当然是北大三

年多的博士生阶段的求学生活。这不是美化北大。北大就是北大,她至高无上的学术地位和贡献向来不因个别学子的美誉或诋毁而有所改变。我所谈的,只是我内心的真实所想。

金秋时节,是北京一年中最美的季节。在1998年的金秋,我有幸进入了北大学习。在我进校园报到的那一刻,看着古朴的北大西门,看着燕南园代表着北大历史的灰色宿舍楼,看着迎新同学的张张笑脸,我心潮起伏,难以平静。那一刻,我心中升起的是一种无比自豪的感觉。听着北大迎新会上法学院领导"今日你们以北大为荣,明日北大以你们为骄傲"的热情的欢迎词,我内心暗下决心:明日,我一定要北大以我为骄傲。因为今天我已经以考入北大为荣。我要做一名真正的北大学子,勤学上进、努力有为。

可以说,北大的一草一木都透露出学术的信息,传递着学术的精神。走在北大校园里,让我觉得内心特别的宁静,未名湖、博雅塔,更增添了北大的文化氛围和神秘气息。北大名师如云,法学院亦不例外。法学院里名流荟萃。众多在北大之外只能听到或从期刊杂志上读到的名家,在这里都可以一睹风采。他们身上散发出来的学者气息、他们的学识风范,大大地激励了我、鼓舞了我,使我下决心,做学问就要像这些名师一样做大学问、真学问。法学院的各种讲座、论坛应接不暇,在师生交流的碰撞中,知识的威严得以弘扬、学术的魅力一再凸显。这一切,都令我充满了对学术殿堂的无比向往。在我所学的专业刑法学领域,也云集了众多名师名导:杨春洗、储槐植、张文、刘守芬、陈兴良，等等。这些老师的最大特点是，他们既能面向刑事司法实践，同时又具有超强的理论思辨能力；他们一方面为学生构建了一座由纯粹思辨推理所构成的学术宫殿，另一方面又能将所学的知识和理论在实践中运用无碍。从他们身上，我看到了法学家是如何影响实践的。"法学家无用论"的论调在北大法学院是找不到立足之地的。而与这些名师们如日中天的声望相反的是，这些老师在给我们学生讲课、指点论文等过程中，却异常的平易近人、平淡谦虚，既无大师架子，也丝毫不以大师自居。他们将各自的学术本领一一展示，虽然各位学者之间观点有不同，理论也许有差异，但我发现，这丝毫不影响他们彼此之间的尊重。以上这些，于我而言，意义尤为重大。

因为，我在进入北大之前求学在南方的中南财经政法大学(时为中南政法学院)，作为专门培养法律人才的学校，我在这所学校虽然受到了很系统的法律课程的训练，但是，中南政法学院存在着其他几所专门性的政法院校同样存在着的问题，如法学教育的过程中受意识形态或政治空气的影响而缺少自由的空气，单科型政法学院因偏重于技术化或工匠型的法科人员而使学生缺乏较强的抽象思辨能力，学生及教师的知识视野因受学校单一政法专业的设置而受到限制，批判精神难以发育，等等。之所以有这些问题存在，倒并不是这些院校的教师无才，而是因为"政法"这样的概念本身就预示了法律教育的内容和目标与既有传统的断裂，从而造成了对师生才华的禁锢。而在

北大，这些问题都不存在。

  北大是人文社会科学的圣殿，经济学、管理学、哲学、文学、法学等各社会科学异常繁荣，学科之间的交流也非常多。譬如法学和经济学之间这几年的交流合作就非常之多，并进而引领了无数的法学硕士、博士对经济学等跨学科的知识展开了探讨，这种探讨的成果在学生们的毕业论文中都有不凡的体现。这让我深深体会到什么叫作学术视野。受这种学科之间交流的影响，我由此形成了反对仅仅局限于刑法学甚至法学的领域中做（法）学问的思想，提倡以一种开放的心态吸纳各学科知识以繁荣刑法学的发展，并以此为题撰写了诸如《重构我国刑法学研究的"方法群"》（该文被中国人民大学复印报刊资料《刑事法学》2003年第7期全文转载）等吸收或提倡吸收其他学科知识的刑法学术论文。毫无疑问，这一思想对我目前和今后的学术研究都影响深远。

  刑法专业各位老师的严谨的思辨理性和一部部宏大的理论著作，则引领着我一步步走向理论的大厦，并开始窥见大厦中的一梁一瓦，直至对整个大厦的构造产生浓厚的兴趣。老师们之间不因学术见解的不同而派别分明，反而因此形成了自由讨论的氛围，这让我充分体会到了什么是北大人所说的自由和民主。早在进入北大读博之前，就时常听别人说到，某某高校的硕士或博士生因为与老师观点不同而没有通过答辩，或者论文因此被要求再三修改，直至与导师的观点相同。对此我心怀不安，不知道北大法学院刑法专业的各位老师是否也是这样要求学生。如果是这样，我很担心我自己的学术研究及博士毕业论文的撰写。人都是独立的个体，对于不同学者的观点当然会有不同的看法，如果要求学生跟老师的观点一样，无疑会抑制学生的创新思维。然而，进入北大不到一学期的时间，我的这个顾虑就彻底打消了。这里有学术名人，但没有学术权威；有名师，但没有绝对的真理！在这里，我充分体会到了赫胥黎所言"知识高于威严，自由讨论是真理的生命"这句话的含义。

在进入北大初期，我时常会将自己的论文送给老师们指点，虽然有时我明知自己的观点和老师不一样，但是，他们仍然会非常认真地阅读我的文章并指出其中的问题，而绝不因观点的不同就武断地否定我的文章。正因如此，在北大浓厚的学术氛围的激励下，我没有任何精神负担地开始了我真正意义上的学术研究：学着像各位老师那样认真地看书，然后结合现实，写一些从批判性的慢慢发展到能提出自己看法的文章。从此告别了我此前的对什么叫作学术的懵懂状态。对学术的向往由此转为主动的追求。我对学术积极主动的追求很快也得到了回报。在进入北大学习的第一年，我在《法学研究》《中国法学》《中外法学》等杂志上发表了文章，并且在各位老师的激励下出版了我的第一部个人专著《罪名研究》。也是在这一年，我参加了北大首届"研究生学术十杰"的评选。"十杰"得奖之后，以学术为志，至此弥坚。在我撰写博士论文《开放的犯罪构成要件理论研究》之时，我的很多看法都与老师们不同，可是，各位老师不但没有丝毫责怪或不高兴，反而都持欣赏的

态度鼓励我,让我放手去写。在写毕业论文的鉴定时,他们也非常公允地给我的论文进行了评定。这一切,让我非常震动。我深信,在我现在及以后的学术研究和研究生工作指导中,北大的自由精神将是我贯彻始终的要点。

在北大法学院,我还首次听到了"刑法学的人文关怀"这样的话语。我蒙蔽的心灵似乎得到了指引,原来刑法学还有人文关怀这回事。反思自己以前的一点点刑法学知识,似乎只知道怎样去关心和保护被害人的利益,何曾想过刑法学还应保护被告人的权利和利益呢?从刑法的社会保护机能和人权保障机能双方面来思考,刑法学的天地变得更加宽广,思路也更加开阔。我发现,以前我所受到的法学教育在进入北大之后是如此的不堪一击。这当然并不是以前教我的老师们的错。长期以来,我国的法学教育就脱离对人的关怀,一味强调定性的正确,或者对科研成果强调量化,这实际上也是在培养"法律螺丝钉",以图钉在社会的机器上,还美其名曰"法治"。北大各位刑法老师的教诲彻底扭转了我以往的单线性思维,我开始关注犯罪人,考虑如何实现对犯罪人的人性关怀。这样,在老师的指点下我开始思考诸如"人格刑法学"等这类以人为本的刑法研究课题,并参加了我的导师张文教授在法学院申请的同名研究课题。在导师的指点下,围绕该课题我又撰写了一系列的文章,如《犯罪人理论的反思与重构》等,试图构建出以人为本的刑法理论,而不只是个别刑法制度的小修小改。虽然这样的研究还在进行中,但无疑,正是北大学术环境和各位老师的影响，才使我有了一次又一次的学术思考，发现了一个又一个的理论或实践中的刑法问题。从我所发表的论文中一大半为北大攻读博士期间或围绕博士论文所发表这一点来说，北大对我的影响，功莫大焉。

毕业后，我回到了武汉并从中南政法学院调入武汉大学任教。虽然我现在也走上了教授和博导的岗位，但北大对我的影响从未消散。可以说，三年多北大的求学生活所得到的熏陶和训练，不但影响了我求学期间的学术研究，使我真正走上了学术的道路，而且，它仍将影响我未来的学术之路，让我时时铭记自由民主的北大精神。好的环境可以造就人，坏的环境可以毁灭人。我很庆幸，我选择了北大，北大也选择了我。

以上所谈，与各位共勉。

02 法律人的谋生与谋道

序 | 荐书 | 后记

谋道之中,
乃在于立德立行,
勿见利忘义,
要忧德行之道。

山川之气谓之云 学术之珍谓之宝

《我国犯罪论体系的阶层化改造》序
2020.7.8

欣闻梁云宝的博士论文终于要以《我国犯罪论体系的阶层化改造》为名出版了,他邀我为他的新书作序,我有些发懵,因为时间过得太快了,快到我对他是哪一年毕业的都有些淡忘了……经过努力的回忆仍未能准确忆起,最终,还是梁云宝自己告诉了我,他是2012年3月博士毕业的。原来,梁云宝博士毕业已八年,这么多年过去了,博士论文现在才出版,会不会已经过时?还有作序的必要么?对此,我心中充满疑惑。但是,在我读了由当初25万字的博士论文到如今30多万字的国家社科基金后期资助成果后,我改变了自己的想法。此书出版,可喜可贺;为之作序,欣然怡然。

梁云宝的博士论文题目是"我国犯罪论体系的阶层化改造",这个议题在数年前曾一度是中国刑法学界的热点,各位方家纷纷著书撰文献言,平面与阶层的犯罪论体系之争不亦乐乎,一时之间竟令青年学子无所适从。在我的指导下,同时也是因为梁云宝博士对理论话题的兴趣使然,最终他选定了此题。梁云宝博士的研究源于他所关注的我国平面四要件犯罪论体系所存在的缺陷,为此,他立于价值变革论的立场,在本体变革论基础之上提出对我国犯罪论体系进行改造。他认为,在入罪与出罪上,我国刑法的"犯罪概念"与四要件犯罪构成之间存在难以调和的内在矛盾,这使得在四要件犯罪论体系下定罪标准一元化不可得,而定罪标准二元化不可取,在本体上这会成为推动我国犯罪论体系向阶层化方向发展的重要动力。为此,从犯罪论体系工具属性的角度看,犯罪论体系的变动以有效应对犯罪为目标,且较之价值属性而言它的变动似乎更加容易实现。但是,单纯犯罪论体系本体上的优劣,鲜有成为推动其实质变动的根本动力,它充其量只是在原有基础上对犯罪论体系进行自我优化的动力,价值属性才是既有的犯罪论体系在不断变动中得以发展的关键。随着人权理念的发展和我国法治事业的持续深入,我国犯罪论体系必将因承载价值的拓展而获得一次深度的自我完善,价值承载的拓展会构成我国犯罪论体系变动的根本动力。从而,在犯罪论体系的发展路径上,这种改造不是一蹴而就而是一条渐变的本土化之路,也是一条实质上倾向于移植论而形式上倾向于维持论和改良论之路。此外,梁云宝的博士论文还系统地提出了认识错误、因果关系、出罪事由、期待可能性等在检验犯罪论体系优劣上的地位和作用,且在论证过程中往返于理论与实际,不失为一种值得重视的研究视角。

山川之气谓之云 学术之珍谓之宝

在 2012 年梁云宝博士毕业时,梁云宝的这篇论文选题当时正热。2016 年,梁云宝以这篇博士论文为基础成功申请到了国家社科基金后期资助课题。2018 年年底,他顺利完成了该课题。与之前的博士论文比较起来,作为结项成果的本书,在有关问题的研究上更加完善和深入,梁云宝又对他与国家社科基金同名的博士论文进行了较大的修改,原博士论文共六章 25 万字,修改后亦即本书为八章 30 多万字,新增近 10 万字。新增的部分主要是对犯罪论体系价值承载的内容进行了全面修改并拓展了秩序价值之外的内容;对认识错误理论、因果关系理论等检验犯罪体系优劣的标准进行了深度修改;对我国犯罪论体系阶层化改造的践行路径进行了实质性修改。修改之后的博士论文,内容更丰富、体系更完整,创新也更突出。相信这本学界迟来的犯罪论体系的作品,能够为我国刑法学界犯罪论体系以及整个刑法教义学的研究起到良好的推动作用。

对于年轻的梁云宝副教授,这是他第一本学术专著,相信未来他定会佳作迭出,然而这第一本的意义是无法取代的;同时,这第一本专著的产生,背后也是因为梁云宝同学与我的学术结缘。我认识梁云宝是在 2004 年的武大珞珈山,那一年也是我在武汉大学法学院任教的第二年,梁云宝是 2004 级武大法学院刑法硕士,我给他们这一届同学上的是外国刑法总论的课程,这也是迄今为止我一直在给刑法研究生同学开设的一门课程。犹记当时武汉大学法学院刑法学科点学术气氛浓厚,马克昌老先生身体健康,时常和学生们交流,传经布道,其他大教授们也是坚持给本硕博同学们授课，各位大家虽风格迥异但却同样备受好评；彼时的武大刑科点同学们的学习态度积极，硕士阶段发表论文的大有人在。梁云宝所在的这个班级同学给我的印象就特别深，一是他们这一届同学颜值都非常高，当然梁云宝除外；二是他们这一届同学学术气氛非常活跃，他们非常喜欢思考和讨论问题，上课时气氛活跃，时常对老师提问和相互之间热烈争论。这届形式与实质相统一的同学，其学业也都非常优秀。班上的陈璇、苏青、李冠煜等后来都走上了刑法学研究之路；许强、汤媛媛、聂辉、李连歌、齐同富、张经中等同学则成为实务中的优秀代表；梁云宝、张晶则成为我在东南大学法学院招收的博士生。2006年梁云宝从武大硕士毕业以后，考取了安徽省人民检察院公务员。在外人看来这是难得的好工作，事实也的确如此。但是，好的未必是适合自己的。经过一年多的工作经历，梁云宝发现，他还是喜欢待在学校的感觉，喜欢看书、喜欢课堂、喜欢写文章。这种"人在曹营心在汉"的煎熬，最终使得他克服重重阻力选择了辞职，决定报考我的刑法博士。经过一年左右的准备，梁云宝终于如愿考上了东南大学法学院的博士生。也许是体会过生活和工作的艰辛，梁云宝特别珍惜他的博士阶段读书生涯。从2009年3月入学之后到2012年3月博士毕业，他孜孜不倦勤奋异常，并在学术上崭露头角。博士毕业时，梁云宝因优异的学业成绩顺利留校。

从梁云宝2012年博士毕业至今已有八年时间，八年，真

山川之气谓之云 学术之珍谓之宝

不是个小数字，尤其对一位年轻学子而言。刚工作的那几年，高校学术"青椒"的艰辛在彼时的他身上体会得特别明显。梁云宝不属口齿伶俐之人，作为教师，他的口才并没有先天优势，如何站稳站好讲台，将满腹经纶深入浅出地转化为学生们能接受的语言和知识，他为此煞费苦心，为了备课付出很多。最终，他成了学生们喜欢的"宝哥"，上课风趣幽默自如而得体，各种理论案例信手拈来，终于不再为课堂苦恼。作为学术新人，如何在家庭生活和课堂教学之外，忙里偷闲进行学术写作，也曾让他苦恼多多。好在，生活是最好的老师，时间是最好的见证，他最终练就了一身平衡术，并在各种磨难的锻炼下终于取得了一个又一个学术成果。至今为止，梁云宝已在《中国法学》《政法论坛》《法学评论》《政治与法律》等期刊发表论文近三十篇，成功主持了两个国家社科基金项目，此外还有多项省部级课题，获江苏省第十四届哲学社会科学优秀成果二等奖、第四届董必武青年法学成果奖等多项奖励。这样的成绩，对于一个青年学子来说，无疑是可喜可贺的。现在的梁云宝，已在学术之路上褪去了青涩，越来越独立，越来越成熟，越来越有学者范。回首往事，梁云宝的学术之路有些曲折，青春岁月珞珈读硕，顺利就业寻梦受挫，兜兜转转东大读博，最终留校炼成"宝哥"。刚刚由梁云宝主讲的"80后40人20讲全国青年刑法学者在线系列讲座"第十一讲"中国刑法中的医疗过失"成功落下帷幕，这一活动让学界见证了梁云宝对刑法教义学的精耕细作以及学术光芒。作为"80后"青年刑法学

中的佼佼者之一,相信梁云宝未来学术之路定能披荆斩棘、出类拔萃。

梁云宝特别沉静,他为人平凡平实、自适其适;不好追名逐利,不慕物质享受;那些年轻人都会的东西,他好像都不会。他常常沉浸在自己的学术世界里,物我两忘。当然,这也使得他的学术和社会之间有那么一丝丝隔膜,理论和实践之间有一丝丝障碍;好在他自己也意识到了,并在其努力之下,改变的成效非常显著,他的文章从选题到内容到表达都更加接地气了,也因此也越来越受欢迎了。雄关漫道真如铁,而今迈步从头越。在完成了基本的"学术谋生"之后,梁云宝要好好思考今后如何打造自己的学术特色和学术标签,并在未来的人生旅途中进一步完成"学术谋道"。对于一个真正的学者而言,"什么是你的贡献"是一个永远不会过时的问题。

山川之气谓之云,学术之珍谓之宝。希望梁云宝在未来的岁月里,养山川之气,探学术之珍,成一家之言,扬东南之兴。

以上所言,与作者共勉。

刑民交叉听箫韶 夏木阴阳好时节

《刑民交叉的理论构造》序
2019.7.1

欣闻夏伟的博士毕业论文《在程序与实体之间：财产犯罪中的刑民交叉问题研究》即将以《刑民交叉的理论构造》为名出版，高兴并祝贺之余，应邀为之作序。

刑民交叉领域是刑法和民法学者都想一试的深水区，程序与实体则是诉讼法学者和实体法学者也都想涉足的冒险区，财产犯罪则是刑法学者非常关注的安全区。如何跳出传统刑法学财产犯罪的安全区，进入刑民交叉的深水区，结合程序与实体的双重视角进行探险式研究，无疑是极具挑战性的一个课题。尤其是身处民法典时代的当下我国刑法学，刑法中的犯罪日益呈现出刑民交叉的特点，刑民交叉现象越来越普遍、越来越深刻；这既是公法与私法融合之体现，也是法秩序统一性原理在部门法中的缩影。夏伟博士研究程序与实体之间财产犯罪中的刑民交叉问题，无疑是刑法学者对民法典时代的及时回应，因而本书具有重要的时代性、理论性和实践性。

夏伟博士的著作针对刑民交叉理论与实践中的"泛程序化"问题，以刑民交叉中程序和实体的互动关系为主线，将学术视点重新聚焦至实体问题上，并最终通过对实体问题的类型化解构为刑民交叉案件的程序设计提供指引。此种从实体到程序的逻辑进路有别于以往实体与程序相互分离、重程序轻实体的处理方式，体现了从整体法秩序的视角观察刑法与民法关系这一部门法现象的思维方法。为此，本书将刑民交叉中财产犯罪的实体问题归为法益保护边界、违法判断基准与冲突规范协调三个问题，即：反对刑法以犯罪化为目的在民法之外建立一个新的法益判断标准，提倡确立法益保护的一元标准；在整体法秩序中，应分别确立自然犯与法定犯的违法判断基准；根据刑民规范冲突的产生原因，分别从立法和司法的立改废释以及刑法教义学的协调功能等角度提出解决方案。基于对上述实体问题的梳理和分析，进一步反思了实践中通过"透支"刑事附带民事诉讼来解决民事纠纷以及长期以来形成的有罪思维的弊病，提倡在刑民交叉实践中确立"让民事归民事，让刑事归刑事"的基本理念，避免刑法以及刑事诉讼法沦为"损害填补法"。总之，本书的研究以财产犯罪为对象，以刑民交叉和程序实体一体化为方法，以人权保障为基本立场，弘扬私权限制公权，充分体现了民法典时代"刑法要谦抑，民法要扩张"的法治诉求。全书洋洋洒洒，穿行在刑法与民法、程序法与实体法之间，论证充分，观念新锐，体现了作者扎实的学术基础和创新性研究能力。

刑民交叉听箫韶 夏木阴阳好时节

尤其令人高兴的是，作为一本刑民交叉研究的著作，本书的诞生恰逢其时。2020年5月28日第十三届全国人大三次会议表决通过了《中华人民共和国民法典》。作为我国市场经济成熟的标志和"社会生活的百科全书"，《民法典》的颁布是我国法治进程中里程碑式的大事，具有非凡的历史意义：它意味着我国立法和法学研究全面步入了民法典时代。对于法学学术研究而言，《民法典》的颁布则意味着民法的研究将步入一个全盛时期。在公法与私法相互融合的世界法治化进程中，基于统一法秩序背景下与民法相关的民刑行交叉研究，是对各部门法学者的巨大挑战。夏伟博士聚焦于财产犯罪所作的刑民交叉研究，无疑是刑法学者回应民法典时代的重要著作。它不但在方法论上使用了跨学科研究，更主要的是在内容上深入进行了真正的民刑交叉研究，极大地拓展了刑法财产犯罪的研究视野。尤其是，著作大大加深了学界对财产犯罪中的占有、交付等诸如此类极为具体且贯通民刑问题的理解，对于解决实务中财产犯罪的认定具有重要的实践意义。博士毕业论文得以出版，本属幸事；恰逢《民法典》颁布之后出版，则属幸中之幸。米兰·昆德拉说："书籍自有命运。"信然也。

然而，对于夏伟博士，本书的出版只是起点，未来的学术之路，相信他会行高致远，前途无量。2009年至2013年夏伟在东南大学法学院完成了本科阶段的学习。正是在2013年，彼时法学院的孟红书记第一次跟我提起夏伟同学，孟老师说："我院有位本科生叫夏伟，想读你的研究生，他可是非常优秀

啊。"当时我尚不认识夏伟同学,听后未置可否。一向被同学们亲切地称为"孟妈妈"的孟红老师后来迫不及待地亲自将夏伟同学带到了我办公室,见面后其他印象都淡忘了,只留下"清瘦文弱"四字。2013年9月,夏伟考上了本院的硕士研究生,我是他的指导老师。硕士期间的他,在学术上"小荷才露尖尖角",发表了数篇学术论文,用他的实力证明了他的优秀,因为彼时的硕士,基本没有主动去撰写学术论文的,大家似乎都只是以完成学业找个好工作为目的。于是,夏伟同学的硕士阶段,给我留下了"学术潜质"四个字。具有学术潜质的人,是需要学术平台进一步打造其学术实力的,因而夏伟同学在硕士毕业后又选择跟随我继续攻读博士学位。2015年到2019年,四年的时间,夏伟终于完成了他的学术成长。他不但有了自己的学术兴趣和目标,而且还能围绕它们进行写作,在《比较法研究》《华东政法大学学报》《中国刑事法杂志》《刑事法评论》等刊物发表了高水平学术论文,以优异的成绩毕业。作为他的导师,我由衷地为他高兴。更让我高兴的是,在夏伟硕博连读的六年间,我观察发现,他非常聪明但从不以聪明自居,对待学术肯下笨功夫。正如国学大师钱穆所说:"古往今来有大成就者,诀窍无他,都是能人肯下笨劲。"这个世界上,一旦聪明人肯下笨功夫,没有什么是不可战胜的。于是,夏伟同学的博士阶段,给我留下了"至拙至巧"四个字。

给夏伟博士的序注定要比其他博士的长一些,无他,皆因

刑民交叉听箫韶 夏木阴阳好时节

夏伟博士和我所指导的其他所有博士有两点不同。其一，夏伟是我指导的博士中唯一的"三东人"：本科、硕士和博士学位都是在东南大学法学院取得的。这样的身份，在我所有的博士生中，竟然只有夏伟一人。这似乎也说明了，"双一流"或"985"高校的部分大学生似乎并不热衷于走学术之路，至少在以理工科为主的东南大学是如此；同时，对于高校用人选人而言，似乎也不应该固守学历的形式要求。英雄莫问出处，真正热爱并走上学术之路的人，也许本科学历并不绚烂；只要有学术天分和后天勤奋，并不一定非要本科学历必须是"985"或者"211"之类的形式要件。反思当下各个高校的人才引进政策，往往一刀切要求本科必须是"985"或者"211"大学，而忽略了学术或科研创新这件事情其实和本科学历并没有必然的关系，它首先和是否具有学术天分也就是"老天爷是否赏饭吃"有关，其次和勤奋与否有关。见过周围太多"985"或"211"高校的所谓优秀本科生，除了会考试之外，并没有学术研究所要求的创新性；应试考场上的骄子与学术领域的才子并没有直接的逻辑关系。当然，如果"985"或"211"大学的本科生们有学术天赋且愿意走学术之路的，那么，其扎实的基础、优秀的学习能力，无疑是未来学术道路上披荆斩棘的利器，就像夏伟同学这样。其二，夏伟是我指导的博士中唯一有两位导师的人。夏伟有两位导师，另一位是肖冰教授。肖冰教授作为我院国际法学科带头人，其民商法功底深厚，对学生要求严格。我们二人联手指导的结果是，商议以刑民交叉作为夏伟博士的研究领域。夏伟初始是不太愿意的，他已习惯于在传统的刑法教义学领域进行研究，跳出舒适区，的确是需要一番勇气的。好在勇气是年轻人最不缺乏的特质，在充分了解刑民交叉领域的独特魅力后，他很快接受了这一选题建议。撰写博士论文过程中的艰辛，特别是因两位老师意见不一致而导致的焦虑，对夏伟而言，无疑是极大的挑战。但是他兢兢业业潜心钻研，不仅很快弥补了自己知识储备上的短板，而且在财产犯罪刑民交叉的研究上还颇有心得，比如他提出的财产保护的一元标准说我认为就很有见地。毫无疑问，双导师指导对夏伟的影响是深远的，甚至自此改变了他的学术研究路径和方向。这也让我反思，现有研究生培养体制下，一位博士一位导师，其实不如跨学科双导师制更为合理，后者有助于扩展学生的研究视野和知识面，有助于其学术生涯的长远发展。

法由一款一条构成，树由一叶一枝长成；学问之路，殊为艰辛，它由一个个字、一篇篇文章、一本本书铺就而成。在学术的道路上要采珠撷贝，必得有一番"居贫苦而志不倦"的精神状态。这种贫苦既指物质上的贫瘠，尤其是刚刚步入社会的"后浪"们都会经历的经济上的压力，更指精神上的独享孤灯孜孜不倦求索之苦，尤其是在这个物质主义快餐文化盛行的年代。当然，"如果有愿力，受苦就有意义，苦就不再是苦，而是生命的庄严。"夏伟是将学术当作兴趣的，以苦为乐，那么苦不仅是生命的尊严，而且也是甜了。夏伟博士刚刚毕业，正在经历社会人生之初体验,"青椒"们所面临的各种艰辛他都得承受,"北漂"们所遭遇的各种困难他一样也不少。然而,夏伟博士有做学术的灵气,更有矢志不渝的学术追求,"春有百花秋有月,夏有才情无忧虑",我相信他只要坚持自己的学术志业,终有一天必会成就一番男儿功业。

东南有夏木,而今初伟成。

是为序。

芬馥歇兰若 清越夺琳珪

《风险刑法的反思与批判》序
2018.7.12

今年，东南大学法学院隆重推出了"东南大学法学博士文库"，各位已毕业的同学纷纷投稿。我的博士李琳投稿并邀请我为其以博士论文为基础出版的著作《风险刑法的反思与批判》作序，作为她的导师，我欣然应允。

李琳的博士论文题目是"风险刑法的反思与批判"，这个题目，是在她刚入学后不久我便指导她确定下来的。李琳于2012年9月入学东南大学读博，彼时，《刑法修正案（八）》刚刚施行一年多，其中新增的醉酒型危险驾驶罪广受社会各界关注；同时，在"立法修法"热潮之下，理论与实务部门纷纷提议毒驾入刑。作为释法而非立法中心的主张者，我指导李琳以毒驾入刑为主题撰写了一篇论文：《新型危害行为入罪标准之确定——以质疑"毒驾入刑"为视角之分析》。这是李琳第一次写真正意义上的学术论文，她的写作过程很漫长，也很痛苦……文章写了一年多，历经无数次的修改，最终发表于《法

芬馥歇兰若 清越夺琳珪

学评论》2014年第2期，文章发表后不久，即被人大复印报刊资料《刑事法学》全文转载了，这样的高起点成绩，给了李琳极大的学术信心。在此过程中，李琳越来越体会到：第一，风险社会动辄入刑的主张很可能是另一种新的风险；第二，学术研究的真正含义是什么。有了第一次铭心刻骨的学术历练，李琳同学的博士论文写作过程就顺利多了……待李琳将最终成稿的博士论文提交给我看时，我惊喜地发现，她的学术研究能力已有了质的飞跃，这令我无比欣喜。

综观李琳的博士论文，其出发点在于，受"风险社会"理论影响应运而生的"风险刑法"理论曾引发我国刑法学界的密切关注与理论聚讼。围绕这一议题所产生的众多争点归根究底是在回答这样一个问题：面对社会急剧发展所带来的重大风险，刑法应当采取安全优位的价值取向还是恪守自由保障的法治底线？这一疑问涉及我国刑法在回应社会转型时应当何去何从的关键抉择，其意义不可谓不重大，对其回答亦不可以不审慎。

李琳博士从梳理风险刑法的研究现状并探寻风险刑法的原貌着手，将其反思与批判的对象——我国的风险刑法理论——定性为一种以预防为目的导向、以安全为首要价值、汇聚诸多现有的有利于其目的追求和价值实现的新旧刑法理论的刑法思潮。在此基础之上，李琳博士立足于以人权保障为首要目标的传统刑法观念，对风险刑法理论展开了较为系统的反思和批判；其关注点从社会学理论移转至刑法规范内部、从抽象的刑

法理论落脚至具体的刑法立法，全面剖析了风险刑法所蕴含的反法治风险。她不否认风险社会中安全问题将取代发展问题成为公共决策新的重心，亦不否认风险社会能够成为研究中国问题不可忽视的现实语境，只是在防治风险的路径选择上，否认了风险刑法所主张的通过扩大犯罪圈来化解风险社会危机的观点。单纯局限于法律框架之内寻求风险解决之道已是太过理想，试图以刑法这一最严厉的社会治理手段作为抵御风险的工具更将导致对刑法的迷信和滥用，乃至动摇刑事法治的根基。

当然，批判的意义并不在于批判本身，最终的归宿必然是要建构更为理性的风险防范之道。本书在最后一章中通过三个层次的分析探究了风险社会中刑法的应对之策。首先将刑法放置于风险管理的制度体系之内考察，通过分析我国当下风险管理中存在的问题，指出我国风险管理缺失的起因并非源于刑法应对之不力，在风险法治范式转换的过程中更应强调刑法谦抑的重要价值。其次则是回归刑法规范本身，重申法益概念批判立法、保障自由的机能，提出应当以宪法基本原理为宏观指导原则、以具有客观实在性和人本性特征为具体准则，为风险社会语境下法益理论的流变框定一个基本的边界。最后在具体操作层面上讨论了新型危害行为的入罪标准，认为行为入罪须满足四个条件，即行为具有社会危害性、行为入罪后能够通过公平且不歧视的执行来认定、行为入罪能够实现刑罚的目的、没有其他社会控制手段可以替代刑罚。

综上，本书在批判与建构两个方面皆作了有益的尝试，但

芬馥歇兰若 清越夺琳珪

囿于学术积淀和研究视野，不足之处在所难免，如批判的对象虽然全面却过于泛化、旁征博引有余而自我表达不够、跨学科研究的雏形已有但深度欠缺。鉴于风险刑法这一主题本身具有高度的复杂性，不仅风险管理是一个国家任务层面上的宏大议题，社会变迁中的刑法变革问题同样涉及艰深的教义学理论，本书中尚需进一步思考论证之处恰好能为李琳博士今后的研究提供相当广袤的空间。真理越辩越明，批判并不意味着全盘否定，李琳博士在思辨的过程中能够取各方之精华，相信她在未来的研究道路上能够更上一层楼。

时光荏苒，从李琳2012年入学读博，到她2016年6月毕业，再到2017年结婚，及至今年她的博士论文出书……数年弹指一挥间，李琳从入校时的青涩博士生，成长为而今西安交通大学法学院的一名知性的教师。每一年每一步，李琳博士走得都是那么踏实。回想起六年前初见李琳时，她的秀丽外表和羞赧低声给我留下了深深的印象。她不像她的同龄人，"有颜就任性"，而是非常谦逊低调甚至有些不自信，仿佛从民国时代走出来的女子，气质非凡但又光华自敛。而且，李琳心思单纯，对人友善温暖，对待感情和对待学术，都是一片赤子之心。这让她结交了很多真诚的朋友，也赢得了师长们的赞赏。她对学术的追求虽然看似被动，但实则随着读博经历的增长而日益主动，她越来越知道自己的学术目标是什么。毫无疑问，李琳是非常幸福的，她和她的硕士同学葛恒浩，一同从西北政法大学考入东大读博，从硕士同学又成为博士同学，他们在东

大校园共同学习共同成长，共同毕业共回西安就业，直至喜结连理成为彼此一生相守的伴侣；对于他们来说，人生之路刚刚起步，他们正在品味属于他们的幸福人生。我由衷地为他们感到高兴，并真诚地祝福他们幸福到永远！毋庸置疑，李琳同学也是有学术慧根的。经过我对她一篇论文的指导和写作，她就练出了自己的学术真经，而且从内心里喜欢上了学术，现在做的正是自己喜欢的工作。然而，学术之路也是非常艰辛的，尤其对女性而言。这一点，我要提醒李琳博士做好充分的思想准备。同时也要告诫李琳：人生最难翻越的高山，是生活，但无论生活怎样辛苦、琐事怎样繁忙，任何时候，都不要忘记学术。学术才是立命之本，而不仅仅事关职称；学术是助力你成长的外力，不要轻易放弃。一个人一旦读了博士，那么就意味着，他和学术之间，"一约既定，万山难阻"。好在李琳博士品性如兰清新、气质如玉沉静，她有她自己的抗压方式，以及平衡工作和家庭的能力。未来的学术之路，我相信，她会走得很稳。

芬馥歇兰若，清越夺琳珪。祝愿爱徒李琳追求自由和梦想的学术之路顺利进步！

是为序。

求学问道莫忘初心 出罪入罪谨记法定

《出罪机制保障论》序

2018.5.27

储陈城的博士论文要出版了,他邀请我为他的新书《出罪机制保障论》作序,我欣然应允。

六年前的9月,储陈城从山东大学法学院来到了东南大学法学院,攻读我的博士生。彼时的他,一脸青涩,但是他对学术的向往和坚定的眼神,却给我留下了难以磨灭的印象。因为在一个如此喧嚣的时代,已经很少有硕士研究生对学术如此向往了。储陈城入学后,一开始对读博生活很不适应。也难怪,彼时的东南大学法学院,位于江宁九龙湖畔,一切只是起步不久,师资力量尚不够强大,博士招生数量非常少,学院还没有取得法学一级学科博士点,法学一级学科硕士点也只是于2011年刚刚拿到,除了东南法学逐渐呈现的红火气象以及一帮年轻老师的万丈雄心,九龙湖畔其实相当的寂寥。在武汉大学法学院时珞珈山畔莘莘学子和师生共议学术的热闹景象,都成过往。几千亩的九龙湖校区,可不是像现在这样绿树成荫;

彼时的九龙湖畔，冬天冷，因为风大，夏天热，因为树小。与储陈城一同入学的 2012 届博士生，仅有寥寥数人。然而，储陈城的到来，点燃了法学院博士生的学习氛围。储陈城、李琳、葛恒浩、刘启川、秦组伟等同学，他们都非常热爱学习，常常一起讨论问题，相互交流。九龙湖畔的清寂被他们打破，他们年轻的热忱和学习的热情逐渐融化了九龙湖冬天的冰，东南大学法学院整个博士生乃至硕士生的学习氛围一步步被改善……这些，储陈城所起的作用非常之大，这令我倍感高兴，也难以忘怀。

2014 年 11 月至 2016 年 11 月，在日本著名刑法学者甲斐克则教授的关照下，储陈城获得日本安田奖学财团奖学金并赴日本早稻田大学继续深造研习刑法，并有幸师从甲斐克则教授。从日本回国后的储陈城，不但习得了过硬的日语，收集了大量日文刑法资料，还对刑法诸多问题有了更加独到而深入的理解。他的博士论文就是在日本求学期间，经我指导而完成的。论文外审和答辩都是全优。本书《出罪机制保障论》，正是储陈城在博士论文的基础上，添加了一些新的内容，就我国刑法出罪机制问题所形成的粗具体系的作品。该书虽然尚显稚嫩，对有些重要出罪事由尚没有触及，相关论证和结论仍有待继续探讨，但是可以称得上是国内就本问题进行较为全面研究的成果。

本书的研究起点源于我国实践中入罪积极而出罪消极的司法政策。过低的无罪判决率已经成为刑事司法中众所皆知的现实问题，但是其病灶有待于理论界的进一步研究。以往对于这一问题的讨论集中于刑事诉讼法领域，鲜有刑法著作专门就其进行讨论。无罪率低一方面原因是，刑事诉讼中正当程序和非法证据排除规则贯彻上存在缺陷；另一方面原因则是，刑法中出罪机制在实践中实施得不顺畅。因此，在理论上系统讨论出罪机制的运行机理是有其必要性的。储陈城博士的该书围绕法益保护原则、罪刑法定原则、但书、因果关系、正当化事由、责任阻却事由以及共犯中出罪事由进行了探讨，基本涵盖了我国刑法中出罪机制的所有要素。本书在很多观点上都具有一定的创建性，比如通过法益保护原则和比例原则批判我国刑法积极入罪的态势；经过对罪刑法定原则的司法适用分析，批判该原则被异化为入罪原则的现状；试图将犯罪概念中的但书条款进行实质解释，起到转化超法规的违法/责任阻却事由的作用；提出防卫过当的判断应以行为是否过当为主、结果是否过当为辅的模式；以及在教唆犯中，通过客观归责排除减轻的教唆行为的入罪化，在中立帮助行为中，以不具有惹起正犯结果的高危险性作为依据，排除中立帮助行为的犯罪性等，这些都具有较好的说服力和理论前沿性。本书的一个显著特点是围绕一定数量的裁判案例展开论述。当前的刑法研究开始逐步重视实证研究的方法，虽然真正的实证研究并非通过一定数量的裁判案件就能够实现，但是以案件事实和数据作支撑，是一种有益的尝试，能够弥合理论和实践之间的鸿沟。本书就每一个出罪事由在大量类似案件中的不同解释，导出对每一个出罪事由的理

论分析，再回到实际案件的审视中，穿梭于理论和实际，不失为一种值得提倡的研究视角。

不得不说，虽然储陈城目前的研究方向以及工作单位，与我当初送他去日本求学时设定的医事刑法方向相去甚远，但是我认为，只要储陈城一如既往地保持着对学术的热忱，无论他研究什么方向，也无论他在什么地方，都会作出他心目中的学术，闯下属于他的一片学术天地。现在的储陈城已是安徽大学法学院的副教授了，在课题申报和论文发表上都取得了一定成绩，这些都非常难得。当下社会对青年学者来说，静心求学问道乃极其奢侈之事，购房压力经济负担，职称晋升指标考核，无一不是青年学者身上的重负。然而，无论如何，我都希望我所指导的已毕业的博士们，尤其是储陈城，能够克服重重困难，求得学术的真谛，不忘自己的初心。在学术的路上，尤其要记住先哲黑格尔所云，只有经过长时间完成其发展的艰苦工作，并长期埋头沉浸于其中的任务，方可望有所成就。

求学问道莫忘初心，出罪入罪谨记法定。以此与储陈城共勉。是为序。

京外多俊杰 才子非皇城

《客观归责体系中允许风险的教义学重构》序
2018.5.2

欣闻王俊的博士论文即将以《客观归责体系中允许风险的教义学重构》为名出版，高兴之余，我受邀为其新书作序。

随着中国刑法学知识的全面教义学化，研究法益论/规范论、客观归责理论、行为与结果无价值理论等，一时之间成为中国刑法学研究领域的热潮。虽然早在2011年我本人在《中外法学》2011年第6期发表了《客观归责理论：质疑与反思》一文，表达了我对客观归责理论的审慎怀疑和相对否定的态度，但是，这丝毫不影响我的博士生王俊基于肯定客观归责理论的立场，将其中的允许风险问题作为其博士论文选题。自2003年任博导以来，十余年的博导经验告诉我，自由的学术对于学术研究是多么重要。所以，我的博士生们都知道，我从不要求他们在论文选题上考虑我的研究领域，更不要求学生在基本观点上和我一致。无论什么选题、何种领域，只要是他们本人感兴趣且自认一定能够顺利完成的，我都会支持。所以，当王俊博士以"客观归责体系中的允许风险的教义学重构"为题撰写自己的博士论文时，我是非常赞成的。我清楚地了解，王俊对刑法教义学感兴趣，同时，对创新有底气，他选择这一领域，一定是有充分的把握和准备的。事实证明了我的判断。王俊自确定博士论文选题后，非常顺利地完成了博士论文的初稿，中间我提了一些意见，他也作了一些修改。比如他听从我的建议，增加了允许风险的司法适用这一内容，从而增加了本书的第五章，这使得博士论文的结构更完整，他创新的理论也能"落地"。

放眼我国刑法学领域，对客观归责理论的研究热度不可谓不高，但是，对客观归责理论的重要下位规则——允许风险的研究，在我国学界几乎是一块空白。然而，客观归责理论是围绕着禁止风险的创设与实现而展开的，而允许风险是从反面界定禁止风险的概念，因此完全可以说，允许风险是客观归责理论的基石与核心。我国目前对允许风险的认知，局限于认为允许风险理论是以对社会有益为理由而允许企业活动、高速交通、体育运动等具有法益侵害危险的行为的理论。但是这样的理解，如张明楷教授所言，是混淆了立法政策与刑法教义学之间的关系。质言之，按照通行的理解，允许风险法理在刑法教义学上没有深入展开的空间。这或许是我国学界长期热衷于探讨风险增高、风险降低、规范目的等规则，但对于允许风险则几乎无人关注的原因所在。

在这样的背景下，王俊博士的博士毕业论文便具有重要的理论价值。王俊将允许风险的判断标准界定为基于事前的利益衡量，具体而言，是以行为当时行为人认知的事实为基础，并站在一般人的立场进行是否允许风险的判断。这便同时也明确了允许风险的体系性地位，即它主要是一种构成要件排除事由，由此区别于违法性阶层的站在事后的利益衡量的紧急避险理论。通过这样的阐述与分析，允许风险法理得以展现出其刑法教义学意义上的一面。

更难能可贵的是，王俊博士在本书中，对源自于日本理论的在新旧过失论下论述允许风险的传统做法进行了深入的批判，借着以客观归责理论重构过失犯体系这股"东风"，选择以允许风险为切入点，大力提倡在客观归责体系的框架中研究允许风险理论，由此明确了讨论问题的基本前提。随后，王俊一方面创造性地提出了故意允许风险与过失允许风险相区分的概念，并以风险降低与被害人自陷风险为例，说明了允许风险法理的解释论意义；另一方面，他又明确提出允许风险应具有双重体系定位的设想，并对风险增高、规范目的、合义务替代进行关联性的研究，进一步说明了允许风险在风险实现阶层的功能。最后，本书选择以医疗行为的正当性问题为例，展开了允许风险的适用论研究，将形而上与形而下的讨论有机结合起来，使得这种研究十分"接地气"。

现在，王俊博士将他的博士论文进行了进一步的修改完善，并且准备出版成书。我认为，王俊博士出版的这部作为国内第一部系统研究允许风险法理的著作，对于允许风险的教义学提升以及客观归责理论的深度展开都具有重要的学术价值，对于司法实践而言亦具有一定的指导意义，故此推荐。

特别值得一提的是,王俊博士对学术有着独到的悟性,这也从某种程度上令人期待,他在这本著作出版后,能够在学术上宏图大展。王俊博士的求学之路非常曲折,这在他的后记中已有清晰记载,但他矢志不渝,热爱学术,对刑法有着近乎痴迷的兴趣,这在当今"80后""90后"中是比较少见的。也正是这一点,深深打动了我。当他进入东大学习后,经过"低迷期""沉闷期",尔后就全方位地进入了(学术的)"爆发期"。短短三年时间,他在《比较法研究》《政治与法律》等重要法学期刊上发表论文近十篇,这样突出的成绩在同龄博士中是比较少见的。正可谓:绝代有佳人,美女生山村;京外多杰俊,才子非皇城。当王俊怀揣着博士毕业证要离开的时候,我才恍然意识到,他,还有他的同学们,都长大了、成长了,要高飞了……心中虽然充满不舍,但我知道必须要放手了。而今,看到王俊博士在美丽的苏州大学对教学和科研甘之如饴,不禁令人莞尔。虽然"青椒"的起步是艰辛的,当下发文的环境也不尽如人意,但是,研读与写作的热情定会融化发文的艰冰,学术的理想也会超越现实的艰辛。在很多时候,年轻学者可能需要的就是一份情怀、一份坚持。事实上,王俊虽然入职苏州大学时间短暂,但已成就不凡,令人刮目相看。

人生最快乐的事就是创造,而知识的创造是最激动人心的。对于王俊博士,我想设置更高的目标,期望他在保持他聪慧、纯粹的个性之同时,开阔眼界,勤学奋进,持之以恒,为中国刑法学界的知识创新做出他自己独有的贡献。

是为序。

有了飞翔的翅膀，再多的负荷也能翱翔

《二元结果无价值论》序
2018.4.28

杜宣的博士论文《二元结果无价值论》即将出版，杜宣博士邀请我为他的书作序，他也是第一位邀请我作序的博士，作为导师的我，欣然应允。

行为无价值论与结果无价值论是刑法理论上继主观主义与客观主义后最为重要的学派之争。它起源于违法性本质的对立，随后波及刑法各个领域，并成为刑法基本立场的对立。因此，对行为与结果无价值的讨论具有重要的理论意义。尤其对于我国来说，重视这种学派之争，有利于刑法理论向纵深发展，使得以往许多被"主客观相统一"所遮蔽的重要问题得以在教义学语境下重新被探讨。

本书以体系与问题思考的双重视角，对行为与结果无价值展开了批判与构建性的分析，对于我国刑法理论来说，是极富有实践性与理论性的学术成果。本书从刑法主客观主义的基本理论、刑法规制对象及犯罪判断对象的主客观主义之争、传统结果与行为无价值的价值与不足等几方面对结果与行为无价值论进行了详细的学术史考察，并结合行为的危险与结果的危险这样的具体问题，提出了作者二元的结果无价值论的主张。应当说这一主张在目前刑法理论上并不常见。在传统刑法学理上，存在的是结果无价值论与二元行为无价值论之争，前者将法益侵害视为违法本质，后者将规范违反视为违法本质。但作者显然并不局限于这样的讨论，而是创造性地对两者进行了某种程度的结合。由此，一方面承认了行为无价值相对于结果无价值的独立地位，另一方面又将行为无价值限定在具有法益侵害危险的行为之上，而排斥了原本行为无价值中的意向无价值的内容。因此，本书虽然维持了结果无价值论的基本框架，但也合理吸收了行为无价值论中的部分内容，在逻辑体系上是成立的，也是一种非常具有个人特色的观点，有利于推动行为无价值论与结果无价值论的争论。值得指出的是，作者虽然采取结果无价值论的立场，但却仍然肯定了行为无价值的理论价值。也正是基于这样的学术态度，作者才能得以充分汲取行为无价值论的合理内容来充实结果无价值论，摒弃了传统上"非此即彼"的思维定式，最终提出并论证了二元结果无价值论的立场。

当然本书也存在不足之处，例如对于相关讨论还是以日本刑法理论为借鉴，而没有关注到德国刑法学理的现状，而且对于司法实践仍然关注不足，不能很好地将二元结果无价值论的立场贯彻于实务运用当中。但瑕不掩瑜，本书所提出的许多具

有了飞翔的翅膀，再多的负荷也能翱翔

有创新性的观点与看法，对于推动行为无价值论与结果无价值论的学派之争是具有重要意义的。尤其是，自2015年以后，学界对行为与结果无价值的探究似乎陷入了某种停滞，少见重要的论著发表，这对于学派之争的倡导而言不得不说是一种遗憾。在此背景下，杜宣博士即将出版的这本专著可谓一阵"及时雨"，可以预见的是，它必然会再次推动学界对这一问题的继续关注。

令人感叹的是，当杜宣邀请我为他的书作序时，我首先想到的是当年我大胆邀请陈兴良老师为我的《罪名研究》作序一事。1998年，我考入北京大学法学院攻读博士学位。彼时，我的硕士论文同名著作《罪名研究》面临出版，但是，那时的我刚刚在学术的路上起步，自无影响力可言。陈兴良老师不但亲自为我联系了出版社免费出版我的著作，而且还答应了我极为冒昧的作序请求，使得该书最终于2000年在中国方正出版社出版。陈老师为该书所作的序，是我的学术著作中的第一篇同时也是最后一篇序，从那以后，我反倒再也不好意思请求老师们为我的书作序了，因为觉得这样特别麻烦老师们。回首往事，除了感叹当时的自己真是初生牛犊不怕虎，更是感谢尊敬的陈兴良老师，在我学术生涯的起步阶段对我所给予的巨大帮助。所以，如今我的博士邀请我为他们的博士论文出书作序，我更是有一种责无旁贷的使命感。我为杜宣的书写的此序，是我教师生涯中第一次为学生的书而写的序。从"老师第一次为我的书作序"到"我第一次为学生的书作序"，令人不由得感

叹:"未透祖师关,时光如箭急"。

令我特别赞赏的是,杜宣本身是一名检察官,作为一名在职攻读学位的博士研究生,他面临着工作、家庭、学业等诸多方面的压力,但是,杜宣一直以一种饱满的热情、不忘初心的姿态对待他的学业。入学之初,杜宣即表现出对学术浓厚的兴趣,他的检察官职业带给他很多困惑,但这些困惑没有成为他职业生涯上的累赘,反倒成为他探询真理的动力。入学之后,他勤奋刻苦,克服重重困难读书写作,正是这种精神,使得他在读四年期间(2013.9—2017.9),在《政治与法律》等C刊发表多篇论文,而且博士论文外审成绩优秀。这样一份骄人的成绩,属于在职博士生中罕见的,因为绝大多数的在职博士生,要么毕不了业,要么至少是读博多年以后才能毕业,要么成绩非常勉强而毕业,杜宣博士无疑给在职博士生们做了个好榜样!尤其难得的是,在博士论文以优秀的成绩通过答辩之后,杜宣仍然以读博时的状态,抓住一切可利用的时间,孜孜不倦地修改他的博士论文,并将之由答辩时的22万字修改完善至目前的30万字。如今,拿着这本沉甸甸的书稿,不由得令人感叹:有了飞翔的欲望,再多的负荷也能翱翔!希望杜宣博士一直保持这种纯粹,不千方百计讨好这个世界,永葆人性中最本质的东西和最有创造力的那一部分,继续奋战在检察官行列,并对中国刑事司法实践的重大问题进行不倦的探索,为中国法治理论的发展与法治实践改革做出自己的贡献。

是为序。

打开刑法山洞之门的咒语
——中国法学杂志社"十杰荐书"

《法制日报》2018.5.23

长期研习部门法的学者大抵会倾向于推荐部门法的佳作,然而,要读懂部门法的著作,并不能从部门法出发,而应该从法哲学出发,或者再具体一点,可以从部门法哲学出发,比如刑法哲学、民法哲学等。法国思想家孟德斯鸠(1689—1755)于1748年出版的《论法的精神》,就是这样一部著作,它可以成为每个部门法的出发原点。这部鸿篇巨制被称为"亚里士多德以后第一本综合性的政治学著作",也是在该时代最好的政治学著作。它以法律为中心,内容涉及经济、政治、历史、地理等各个领域,最为关键的是,孟德斯鸠在这部著作中首次正式提出了分权与制衡理论。该书生动形象的语言、对东西方鲜活的描述、对人性的洞悉、对自然法理性主义的深刻揭示,尤其是对法的精神的高度浓缩和概括,使其成为流芳后世的经典著作。

然而,一千个人眼里有一千个哈姆雷特。在一个刑法研习者眼里,《论法的精神》富有深刻的刑法寓意。

刑法是处罚人的法律,是不会让人心生欢喜的法律。因此,学习刑法的人都会追问,为什么会有刑法这样一部正视恶、惩罚恶的法律,人类社会为什么需要刑法?这一类似于"我从哪里来"的哲学层面的原初问题如果不解决,刑法将无处安放。带着对这样的问题的思考,人们往往会走进古典哲学家的著作里寻找答案。《论法的精神》从来没有专门回答这一问题,但是该书的理性论在某种程度上回答了这一问题。

孟德斯鸠作为启蒙运动的杰出代表,理性论是其政治法律哲学中最基本的理论。他在《论法的精神》中指出:"从最广泛的意义上来说,法是事物的性质产生出来的必然关系。在这个意义上,一切存在物都有它们的法。上帝有它的法;物质世界有它的法;高于人类的'智灵们'有他们的法;兽类有它们的法;人类有他们的法。有人说,我们所看见的世界上的一切东西都是一种盲目的命运所产生出来的,这是极端荒谬的说法。因为如果说一个盲目的命运能产生'智能的存在物',还有比这更荒谬的吗?由此可见,是有一个根本理性存在着的。法就是这个根本理性和各种存在物之间的关系,同时也是存在物彼此之间的关系。"这种"法"就是孟德斯鸠所说的自然法,它是人类理性的体现。他指出:"一般地说,法律,在它支配

打开刑法山洞之门的咒语

着地球上所有人民的场合,就是人类的理性;每个国家的政治法规和民事法规应该只是把这种人类理性适用于个别的情况。"显然,孟德斯鸠和其他自然法思想家一样,认为抽象的理性是自然法的渊源,而自然法则是法律的基础。总之,理性是孟德斯鸠这样的启蒙主义思想家手中的标尺,他们以此去丈量整个社会的思想;理性也是他们手中的漏斗,他们用其筛去一切僵化的清规戒律,留下资产阶级眼中的真理和正义,构筑所谓"理性的王国",即建立资产阶级的民主共和国以代替封建专政统治;理性不但成为宏伟高亢的启蒙乐章中最为突出的音符,其地位在这一时期也被提到了前所未有的高度。在孟德斯鸠之前的理性是与宗教唯心、蒙昧主义纠缠在一起的,而启蒙运动的理性思潮却扫荡了愚昧和无知,客观上为人提供了一处安身立命之所,为人们的生活提供了意义、信仰、追求等精神观念。因此,孟德斯鸠所说的理性包括人权、人性、自由、平等等法的基本精神寄托和价值观念。孟德斯鸠的理性论揭示了世界的普遍规律性,揭示了人类共同的善德、公平、正义等价值内涵。按照这样的观点,法律是人类理性的体现,自然法是符合人类共同理性的永恒不变的自然规律,它是合乎正义的,也是实在法即法律的制定基础,理想的法律就是符合某种"自然"的,即理性的法律。

孟德斯鸠对刑法的描述是,人民的安全就是最高的法律,要保证公民的安全和自由,就必须有刑法,即公民自由主要靠良好的刑法。在此,良好的刑法也就是体现了人们公平正义观念的刑法，是记载了是非善恶、正与不正之自然规律的指导人们行动的法则。人类社会的刑法，是为了维护扎根于社会道德和自然法则的公正理念之法律；良好的刑法是符合人类理性、顺应自然规律、给人类带来福祉的公正的法律。没有刑法，公正善恶将失去最基本的评价准则，人类理性将会丧失殆尽，自然和谐的社会将不复存在。孟德斯鸠对刑法的一系列基本主张，如刑法的繁简、罪刑法定、犯罪的界定和分类等，都体现了他这种理性论的刑法观念。比如他在论及惩罚时指出，对每一类犯罪采取的刑罚措施，主要是根据该种犯罪行为的性质，从理性和善恶本源引申出来的，这样有利于保证公民的自由。

刑法是抽象而稳定的法律，是需要解释后才能适用的法律。因此，学习刑法的人都面临一个难题：如何解释适用刑法。这一类似于"我要到哪里去"的哲学层面的实践问题如果不解决，刑法将无法落地。《论法的精神》从来没有专门回答这一问题，但是该书对法的精神的开创性见解，却又轻而易举地使这个问题有了答案。

孟德斯鸠从他的理性论出发，集中讨论的不是具体的法律规范本身，而是法的精神。他指出，"法律应该和国家的自然状态有关系；和寒、热、温的气候有关系；和土地的质量、形势和面积有关系；和农、猎、牧各种人民的生活方式有关系。法律应该和政制所能容忍的自由程度有关系；和居民的宗教、性癖、财富、人口、贸易、风俗、习惯相适应。最后，法律和法律之间也有关系，法律和它们的渊源、立法者的目的，以及作为法律建立基础的事物的秩序也有关系。应该从所有这些观点去考察法律。这些关系综合起来就构成所谓'法的精神'。"总之，人类社会的气候、宗教、法律、施政的准则、先例、风俗、习惯等多种事务，形成了一种一般的精神，也就是他所说的"法的精神"，即符合人类理性的必然性和规律性的东西。因此，法律应当顺应人的理性而非感性，只有当法律被置于决定地位时，法律才能保障人民的自由权利，而与法治相对的专制则是对人性的蔑视和对自由的践踏。故而当我们考量一个国家的法律是否具有"法的精神"时，除了考察其是否保障了公民的权利与自由，还要将其带入特定的社会环境中进行思考。而当我们解释刑法时，不能驻足于表面的文字含义，还应透过法条探究其背后的精神和要义，并根据法条的文字规定，通过法条的制定背景、所处的时代等综合要素，来得出最良善亦即理性的解释。

刑法是赋予国家刑罚权的法律，是让公民权利受到限制的法律。因此，学习刑法的人都会追问，国家刑罚权力从何而来？它的边界在哪里？这一类似于"我希望我如何"的哲学层面的美学问题如果不解决，刑法将会变成非理性法。与前两个问题不同，《论法的精神》以其划时代篇章的三权分立学说专门回答了这一问题，并成为刑法罪刑法定原则的理论基石。

孟德斯鸠的理性论植根于自然法，并进一步推动了自然法的发展。自然法理论主张用制定法来限制国家滥用刑罚干预公民个人权利，这就需要国家明确规定什么是犯罪以及会对犯罪处以什么样的刑罚。为此，孟德斯鸠在研究政治自由、法律和政体的相互关系中，得出了国家权力划分的结论。孟德斯鸠首先指明了什么是自由。他认为，在一个有法律的社会里，自由仅仅是一个人能够做他应该做的事情，而不被强迫去做他不应该做的事情；或者说，自由是做法律所许可的一切事情的权利。如果一个公民能够做法律所禁止的事情，他就不再有自由了，因为其他的人也同样会有这个权利。为了保障自由，必须将国家的三种权力，即立法、司法与行政权，相分离并授予不同的机关。如果一个国家将所有这三种权力合而为一，虽然没有专制君主的外观，但却会让人们时时感到君主专制的存在。他认为，立法权应该授予议会，司法权应该授予法院，行政权则授予君主。显然，三权分立的理论认为，只有国王或政府才有权力制定临时或永久性的法律，并修正或废止已制定的法律，只有这样，法律才具有最大的权威性和普遍约束力。法治被认为是依照形式化的成文法来治理国家，主观擅断的法官意见被认为违反了形式意义的成文法，是破坏法治的行为。这样，孟德斯鸠的三权分立的理论，为形式法治国原则提供了坚实的体系架构。概而言之，三权分立的学说要求立法、司法和行政彻底分开。在刑事法制领域，立法机关在立法时就明确规定什么是犯罪、对犯罪应处何种刑罚，司法机关在适用刑法时

打开刑法山洞之门的咒语

只能严格按照既定刑法规范来适用,不得有超越刑法典规定的权限。从而,自然法理论、三权分立学说以及后来的费尔巴哈的心理强制说,成为罪刑法定原则的理论根基。其中,三权分立学说因其对专制的防范与自由的保障,成为罪刑法定理论基石中的中流砥柱。

不分巨细地推介《论法的精神》的思想显然是不现实的,结合我作为刑法研习者的身份作些个人的解读则是"理性"的,虽然同时也是片面的。跳出部门法的领地,多多回望历史的星空,穿越时光的长廊,多多撷取法哲学的精华,再回到部门法的学习,自是一片生趣盎然。《论法的精神》就是一把可以让我们打开部门法学习之门的常用常新的钥匙,也是打开刑法深山密洞之门的咒语,它让我们了解刑法因何而来、如何解释、因何限制这三个最重要的基本问题。

《网络犯罪的法教义学研究》后记

2021.3.1

当下时代人类正生活在网络社会之中，网络社会对传统社会人们的观念和行为方式等提出了诸多挑战；违法犯罪行为的新常态是网络犯罪，适用于传统线下犯罪的刑法规范和刑法理论均受到了极大挑战。如何因应网络时代的新发展，对传统刑法理论予以更新，使之符合网络犯罪的新趋势并解决如何准确认定网络犯罪的诸多新问题，成为摆在刑法理论工作者面前的重要课题。本书的写作即是为解决这一课题而作的尝试。

2014年，我成功申报了江苏省社会科学基金重大项目"把握互联网'最大变量'核心问题研究"，该课题正是我写作此书的开始。从国家治理层面，急需将互联网从"最大变量"变为"最大增量"，这一改变只有寄希望于法治化路径，其中，刑法作为所有部门法的保障法，在网络治理中发挥着最后防线的重要作用。为此，我对本课题的研究并未抽象地从加快推进国家治理体系和治理能力现代化的层面展开，而是将这一课题要求的宏观主题最终落地于网络领域的刑事治理这一相对中观

《网络犯罪的法教义学研究》后记

的主题,并通过诸多个罪个案微观层面的分析,使得本课题的研究相对比较接地气并尽量体现出刑事法的学科属性。

时下,研究网络犯罪的论著颇多,基于何种立场展开研究,则体现了不同学者和成果之间的差别。通过借鉴法学领域社科法学、政法法学、教义法学三大流派的有关理论,分析社科法学与政法法学对于刑法学以及具体犯罪如网络犯罪的研究的不合适性,本书确立了以法教义学作为网络犯罪的研究立场。从网络犯罪的立法到网络犯罪的代际特征与刑法挑战、从网络犯罪的基本概念到网络犯罪的根本性质、从网络空间的刑法介入边界到网络中立行为的可罚性、从网络时代刑法解释立场的反思到实质出罪立场的确立,尤其是以网络言论自由为代表分析网络犯罪的处罚范围等,均秉承从罪刑法定主义、犯罪构成理论、法益论等刑法基本教义出发,从而充分贯彻网络犯罪的法教义学研究之立场。与此同时,在我的"实质刑法三部曲"之后,《网络犯罪的法教义学研究》一书,自然也是对我的实质刑法立场的贯彻。一如既往的,这种贯彻是以法律的实质理性为前提,以可罚的定型的实质犯罪论为框架,以实质出罪为方向的。这样的立场,体现在全书之中,无论是对网络犯罪理论性问题如解释立场的确立,还是对网络犯罪管辖空间与效力等一般性问题的解决,或是对具体犯罪如帮助信息网络犯罪活动罪等的分析,或是对实务个案比如"快播案""秦火火案"等的探讨,均体现了我本人实质出罪的基本立场。

学刑法的人,应该调适抽象正义与个案正义之间的矛盾,

关注个体自由与社会秩序之间如何平衡的问题。在这个社会，真正让人无限感动的是，一个成熟的人，真诚耐心地对后果感到富有责任，按照责任伦理形式，当某一情况来临时如同马克斯·韦伯所说的："这就是我的立场，我只能如此。"网络领域违法失范行为数量呈几何级数增长，网络犯罪的发展日新月异。研习刑法的人，不能对这些显性或隐性的"犯罪"无动于衷，要真诚而耐心地对定罪或不定罪的后果抱有责任感。入罪是容易的，出罪是困难的；判决是容易的，说理是困难的。但是，基于对每一个刑事案件的后果的责任感，以往、现在，乃至今后，我都会一如既往地选择实质出罪的立场，我只能说："这就是我的立场，我只能如此。"

感谢我可爱的学生们。感谢储陈城、高磊、夏伟、魏超、阮晨欣、龚善要、李勇、张喆锐、童斯楠等几位或毕业或在读的博士（生）为本书校对和资料的查找所付出的辛苦劳动。另外，也要感谢我院陆璐副教授翻译并校对了本书的英文目录和摘要。

感谢中国人民大学出版社的大力支持！

《实质出罪论》后记
——形式入罪实质出罪

2019.8.20

如何准确理解刑法中的罪刑规范、准确认定犯罪是刑法学中的"好望角"。形式刑法观与实质刑法观正是围绕这一难题所展开的基于不同学派的探讨,前者主张形式化地理解犯罪构成,亦即形式解释论,后者主张实质化地评价犯罪是否成立,亦即实质解释论。虽然经过长时间的争论,但形式刑法阵营与实质刑法阵营的学者各执一词未有定论。本人一贯主张实质刑法立场,主张对犯罪进行实质的解释,亦即,对刑法罪刑规范以及个罪犯罪构成要件的解释,应该在坚持法益侵害说背景之下,根据是否达到了值得处罚的法益侵害程度来实质性地评价犯罪是否成立。然而,根据实质评价也可能将刑法所没有规定但是具有严重程度的法益侵害性的行为入罪,为了减少实质解释容易为权力所滥用以及擅入人罪的风险,必须对实质刑法解释加以限定,那就是:形式入罪、实质出罪。形式入罪是指,认定犯罪的成立必须要有刑法的明文规定作为根据，因此文义解释与平义解释应该是形式解释论最常用的解释方法，符合刑法规定的行为才能定罪量刑；实质出罪是指，行为虽然形式上符合犯罪构成要件，但如果实质上并没有达到应受处罚的法益侵害性，或者用中国刑法的"但书"话语，"但是情节显著轻微危害不大"，则不应认定为犯罪。

形式入罪与实质出罪，对于中国刑事法治具有重要意义。从立法层面分析，我国刑法罪刑法定原则需要实质解释论构建出罪渠道，以充分实现罪刑法定原则本该具有的人权保障机能。"无法无罪无刑"的西方经典罪刑法定原则体现了入罪禁止机能，因此它亦可称为出罪原则；"有法有罪有刑"的中国刑法第3条罪刑法定原则体现的是出罪禁止机能，因此它亦可称为入罪原则。为了弥补中国特色罪刑法定原则所欠缺的出罪机能，本人主张，认定犯罪的成立，除却形式上的法律依据，是否具备内在的处罚必要性和合理性，是否处罚了实质上不该处罚的行为，是检验其实质上是否合法的关键。通过实质解释论，将不具备值得处罚的法益侵害行为排除在犯罪圈外，建立"有罪不一定罚"的出罪机制。从理论层面分析，实质二字对中国学者具有独特的吸引力。中国文化本身就是一种偏爱实质价值评判，偏爱对事情的是非善恶进行评判的文化，这导致相当部分持实质解释论的学者，主张从技术上运用实质解释论，但并不关心是实质入罪还是实质出罪。而一旦将实质解释论作为入罪的工具，对于法治而言就是一种灾难。因为这将意味着

《实质出罪论》后记

形式法治会被突破,形式入罪会成为梦想而非现实;一旦形式法治被突破,也就意味着刑法失去了"法无明文规定不为罪不为刑"的法治底线,法治也将走向它的反面。从司法层面分析,中国的司法观念是宁枉勿纵,聂树斌、赵作海等冤假错案可以说正是这种理念影响之下的产物,疑罪从无和无罪推定理念与制度在司法实践中的运用效果都不佳。我主张将实质解释限定于出罪领域,并非因为出罪论一定优越于入罪论,而是根源于中国刑事法治的立法、理论与司法现状之下,实质解释论是而且只应该是限定于在出罪领域使用。

形式入罪,可以使定罪量刑恪守罪刑法定原则的法治标准之底线;实质出罪,可以构建中国特色罪刑法定原则所缺乏的出罪渠道。唯有如此,入罪与出罪、形式与实质,才能互为辅佐,发挥准确定罪量刑以及刑法社会保护与人权保障的重要机能。正如德国洛克辛教授所言:"正确的解释,必须永远同时符合法律的文言与法律的目的,仅仅满足其中一个标准是不够的。"符合文言的解释,就是形式解释;符合法律(刑法法益保护)目的的解释,就是实质解释。形式与实质解释论在刑法解释中能够相互重合,也能够相互分离,入罪和出罪,正是它们分离的两个不同场景。通过出罪层面的实质解释论,其实是帮助实现入罪层面形式解释论的最佳效果,使得入罪更有说服力,出罪更有合理性。

在《实质刑法观》(中国人民大学出版社2009年版)一书"补记"中我曾说,"实质刑法观—实质犯罪论—实质刑法解释

论,这三部曲,也因此将成为我的实质刑法立场研究系列"。而今,实质刑法研究系列已出了两部,即《实质刑法观》《实质犯罪论》,前者是2009年出版,后者是2014年出版。今年,也就是2019年,毫无疑问在我的学术历程中是值得记忆的一年。今年离我出版第一本以"实质"命名的著作整整十年;今年我对《实质刑法观》一书作了修订,该书的第二版将要面世;今年我的实质刑法系列的第三部曲也终于画上了句号,即将出版和读者诸君见面。不过,三部曲中第三部的书名并非之前预定的"实质刑法解释论",而是《实质出罪论》。原因是,"实质"二字即可代表我的实质解释论的主张,再用实质解释论作为书名,似有叠床架屋之嫌;同时,既然我将实质解释运用的领域限定在出罪,莫如直接将原定为"实质刑法解释论"的书名直接命名为"实质出罪论";本书的问题意识也因此更为突出。《实质刑法观》《实质犯罪论》《实质出罪论》三部曲,构成了我实质刑法研究系列的三部曲;《实质出罪论》也是实质刑法研究系列的最后一部。其中,《实质刑法观》是法哲学层面对刑法基本立场的思考,它是形而上的成果;《实质犯罪论》是法学理论层面对刑法基本教义犯罪论体系的思考,它是形而中的结晶;《实质出罪论》则是刑法实践层面对实质解释论的展开,它是形而下的收获。形而上者谓之道,形而中者谓之心,形而下者谓之器;道器兼备,践心立行,也许才能窥得学术堂奥之一二。

《实质出罪论》后记

对于本书中可能存在的失误也可能是错误或者其他种种不足,欢迎读者诸君不吝批评指正。感谢我的博士生夏伟、高磊,他们对本书的统稿和校对付出了辛苦的努力。特别需要说明的是,我的实质刑法研究三部曲系列,都是在中国人民大学出版社的大力支持下先后得以出版的,衷心感谢人大社的厚爱;对于拙著编辑老师的认真而辛苦的修改校对工作,在此也表示由衷的感谢。

《实质刑法观》第二版后记
——部门法的哲学愿景

2019.1.10

为什么会写《实质刑法观》一书？现在回想起来，对法律理性主义的兴趣和思考是最主要的原因。不知为何，从博士毕业时起一直到现在，我始终喜欢古典自由主义哲学家们的思想、理论和观点，这样的兴趣无形中引导着我始终去思考什么是刑法、为什么需要刑法、刑法的核心问题是什么等根源性的问题……虽然迄今为止这样的思考也未必找到了答案，但正是在思考的过程中，才有了当年在电脑上敲上"实质刑法观"这几个字的那一刻……或许，它表达的是我对刑法的哲学愿景吧。

捷克作家米兰·昆德拉有云，"书籍自有命运"，这句话，用在拙著《实质刑法观》上最合适不过了。自 2009《实质刑法观》出版以后，批判者有之、支持者有之、论战者有之、围观者有之……一时间引得学界热议，完全出乎我的意料。2013

《实质刑法观》第二版后记

年，拙著获得重要奖项，对于作者而言，这无疑是莫大的鼓励，同时，也是我从未想过的事情……现在回头来看，拙著存在着很多不足，有些不够严谨，有些可能是错误，忝列大奖，心中惶恐。蒙读者错爱，此书得以售罄。现在，受出版社之约，修订出版第二版。

2013年10月21日，北京大学"杨春洗法学教育与研究基金"资助，北京大学法学院、清华大学法学院、中国人民大学法学院、中国政法大学刑事司法学院和中国青年政治学院法律系五校联袂主办的"当代刑法思潮论坛"系列讲座第二十一场在清华大学法学院模拟法庭隆重举行。我是该场讲座的主讲嘉宾，讲座的题目是"实质刑法观的体系性思考"。讲座围绕着什么是实质刑法观、实质刑法观的哲学基础、实质刑法观的罪刑法定基础、实质刑法观的犯罪论、实质刑法观的共犯论、实质刑法观的解释论等六个方面一一展开，系统地阐述了实质刑法观的有关思想。此后，该演讲的内容全文刊发在《法学评论》2014年第4期。同时，在该场讲座结束之后，结合现场各位老师以及同学的针对实质刑法的提问，事后我写成了《形式与实质刑法解释论的来源、功能与意义》，该文全文刊发在《法律科学》2015年第5期。此次修订拙著，正好将这两篇文章一并汇入书稿之中，并作为本书的第七章、第八章，以使读者更好地了解实质刑法观的全貌，尤其是我对学界批评或质疑实质刑法观的回应。

从2009年拙著出版，到今年本书二版，恰好十年时间。十年间，实质刑法与形式刑法，已经成为中国刑法学界不可抹去的理论风景。同时，在这十年中，中国刑法理论发生了巨大变化和进步，刑法教义学也早已在实质刑法与形式刑法之争的问题之外有了更多的发展。然而，"学术之盛需要学派之争"。回首十年，中国刑法学的学派之争并没有如同刑法教义学一样有明显的发展，学派还停留在以往的层面，争论也似乎在实质刑法与形式刑法之争的时代达到顶峰，之后的结果与行为无价值等争论，虽然也有一定的高度并形成了气候，但离学派的形成还有一定的距离。对于进一步推动刑法学派之争而言，《实质刑法观》第二版也许具有一定的意义。尤其是，日本学者前田雅英教授的《刑法总论讲义》的中译版也于2018年在中国出版了，该书的出版被学界认为是"实质刑法观卷土重来"。实质刑法是"卷土重来"还是"一直都在"，这或许是个问题，但无论如何，未来中国刑法学，如果真正意义上的学派能够产生，学派之争能够盛行，则中国刑法可以说发展成熟了。同时，也许更重要的是，该书体现的是作者自己对刑法基本立场的思考，并在此书之后，将立场的思考贯彻到问题与体系的思考之中，从而形成了自己的学术特色。

在拙著第二版的修订过程中，我的学生们做了很多工作，他们认真地帮我校对了文字并指出了其中的很多失误。在此，我要真诚地感谢他们：魏超、王俊、冀洋、夏伟、杨楠、高

《实质刑法观》第二版后记

磊、王兵兵、王耀彬、冯文杰、赵龙、乐志怡,他们有的已毕业,有的还在读。感谢他们都抽出了宝贵的时间,为拙著的二版修订费心费力。

此外,也要感谢中国人民大学出版社所给予的大力支持,使得本书第二版有机会面世。

《实质刑法观》第一版后记

2005.1.19

博士毕业至今,恍然三年!本该于两年之内完成博士后出站报告并出站,而今却延宕至三年方才勉力完成。虽然先哲黑格尔早已明言,历史的车轮呼啸前进,丝毫不会怜惜车轮下被碾坏的花草!慨叹韶光易逝虽然徒劳无用,然而对于激励我辈有惰性之人,好过慵慵乎无动于衷!

我的研究自博士阶段开始至今,应该说是在一个一以贯之的思路下进行的。这一思路就是主张从实质的刑法立场对犯罪构成要件进行解释。该思路发端于我的博士论文《开放的犯罪构成要件理论研究》(以下简称"《开》文")完成之后。《开》文使我认识到,如果承认刑法中有开放的犯罪构成要件,那么,就应允许裁判者对之进行实质的解释,因为形式的解释对于适用开放的构成要件难以奏效。在与我做博士后期间的导师马克昌教授商量后,最终确定了此题。本报告中,第三章"犯罪概念"是唯一一篇曾经发表过的文章。发表时该文题为《社会危害性理论之辨正》(载《中国法学》2002年第2期,以下

《实质刑法观》第一版后记

简称"《社》文");发表时,该文被放在"博士论文精粹"栏目。但是,博士论文完成后由于篇幅太长,加之没有《社》文似不影响博士论文的完整性,在博士生导师张文教授的建议下,《社》文最终没有放进博士论文中。因为《社》文是站在实质的犯罪概念立场上而作的,最终,《开》文和《社》文一起奠定了我"实质的刑法观"这一课题的起点。

本报告曾试图从构建刑法体系到探讨刑法解释方法、从分析抽象的法律理性问题到解释具体的刑法制度及至个罪等进行全方位的涉及;在内容上曾试图有大的创新并曾设想达到"大醇而小疵"之境界。然而,由于本人水平所限、懒怠所致,原来设定的计划并未完成;至于文章的内容,也不敢妄称有何创新;"大醇而小疵"也可能只是"小醇而大疵"甚至"无醇而尽疵"。现在呈现在读者诸君面前的拙文,是一篇不成熟、不完整的幼稚之作,文中错误、疏漏在所难免,还望各位老师、同学不吝指教。

由于我的德语水平有限,书中所引注的德文资料可能并不准确,对此,恳请方家指教。书中所涉及德国刑法学者的中译名,系统一按照《德语姓名译名手册》(商务印书馆1999年版)翻译。

在顺境中心存感恩、在逆境中依旧心存喜乐,这是我的处世哲学。为此,容我首先感谢我在北大攻读博士期间的导师张文教授。回首攻博期间,恩师张老师对我欣赏有加并多加栽培。恩师在我进校伊始就送给我一句话:非求变无以为新,非创新无以为行。这句励志励学之言，至今未敢稍有疏忘。然而，毕业迄今，我在学术上并未有大的起色，每每想起总觉惭愧万分。自感无颜面对恩师。如今，我终于完成了我的博士后出站报告，虽然绝不敢说此乃求新求变之作，但是，从中可见我对刑法的感悟似略有所增。果如此，当是恩师对我殷殷期望并长期激励的结果。在此，我衷心祝愿已从教席上荣退的张老师能够在澳门科技大学健康平安地发挥余热。并祝师母身体健康、生活如意。

其次，我要衷心感谢我做博士后期间的导师马克昌教授。马先生以刑法学界泰斗之尊，不但在同龄人已然颐养天年之时仍孜孜不倦于学术，而且对于提携青年后学、发展学科建设等各种杂务也尽心尽力！2002 年，马先生同意接纳我进入武大开始博士后研究工作；2003 年，承蒙马先生错爱，在马先生及教研室各位老师的支持下，我又得以进入武大法学院任教。自此，我有幸成为"马家军"这个品牌团队中的一员。并且能够师从马先生继续我在刑法专业上的深造。在出站报告的写作过程中，马先生从出站报告的选题，到报告中的具体问题如刑法规范首先是行为规范还是裁判规范、罪刑明确性原则等，及至报告中的遣词造句、注释校正等，无不费心指导。然而，令我愧疚的是，出站报告的完成在质量上离先生的标准还相去甚远；如果不是先生的宽容，出站可能还要假以时日。马先生在学术上的深厚造诣和博闻强记、在治学态度上的认真严谨与一丝不苟，使我常感到自己学问的浅薄和行文写作的粗糙。同时，我也深深体会到学问如无前辈知识的累积与传授，必无从展开。在以后的治学之路上，先生的谆谆教诲和殷殷期望，将是我前进的动力。

对于刑法教研室的莫洪宪教授、林亚刚教授、刘明祥教授、李希慧教授、康均心教授、皮勇副教授、陈家林博士和田嵩博士，我也深表感谢。感谢各位在我进入武大及至随后的工作和学习中所给予的种种帮助和支持，以及在学业上所给予的交流、点拨和启悟。尤其感谢刘明祥教授。感谢刘老师对于本文的写作所提的宝贵意见。感谢刘老师将他从日本带回的宝贵资料慷慨借于我复印、传阅，否则，本论文的完成会更加延误。对于武大法学院的其他各位院领导、各位老师在此也一并致谢。感谢各位在我进入武大之时即随后的工作学习中所给予的大力扶持和帮助。

我还要感谢我的母校——中南财经政法大学。作为在中南财经政法大学从学士到硕士、从学生到老师等角色转换，而在那里学习、生活工作总共十五年的我，对母校有着一份深深的眷念。对于吴汉东校长、齐文远院长等母校的各位领导和老师，我都有一份深深的谢意。谢谢他们在我求学成长过程中所给予的大力支持帮助。谢谢他们在我从北大毕业回校后所创造的各种有利条件。可以说，没有母校的培养，没有母校各位领导和老师多年的扶持和帮助，就没有今天的我。虽然目前我已经离开了母校，然而，我对母校的感情，反而随着置身于外而有增无减。

感谢武大法学院 2004 级的刑法硕士生。为了保证年底答辩,我多次调整他们的上课时间,方便了自己但麻烦了他们。对于他们的支持,我深表感谢。感谢我自己指导的研究生。因为忙于出站报告,不但疏于指导他们,甚而让他们分担我的工作,在此,我深表感谢。感谢许富仁博士,他帮助我翻译了本报告中的部分日文资料,在此,我致以诚挚的谢意。

对于其他关心、爱护我的老师、同学、亲朋、好友,在此一并致以诚挚的感谢。并祝各位身体健康、工作顺利、事事遂心。

《实质犯罪论》后记

2014.3.31

2009年出版的拙著《实质刑法观》一书"补记"中提到,"实质刑法观—实质犯罪论—实质刑法解释论,这三部曲,也因此将成为我的实质刑法立场研究系列"。本书正是我的实质刑法立场研究系列中的第二部。第二部离第一部的出版整整五年。很多同行都认为我写作速度很快很"高产",但其实,那只是一个误解。时光荏苒,五年间,我只作了"能否以及如何构建实质的犯罪论体系"这一个问题的思考和研究,辛苦的同时也充满了乐趣——尤其是在解决一个又一个理论难题之后,那是一种对自己智识挑战后的乐趣;而结果如何,则有待同行们的检验和批评!五年才完成一个课题、才出一本书,足见作者效率之低;同时,这也让我明白,从纯学术角度而言,我既不适合也不喜欢做科研项目,各种科研项目都有时间规定、费用报销等诸多杂事,费神费力,这与学术之间的矛盾是不言而喻的。我的基本结论是:科研项目对学术的引领作用其实极为有限——虽然项目的设立者肯定不这么认为,但我保留我的

观点。

继确立了形而上的实质刑法观之后,如何将这种较为抽象的实质刑法立场贯彻下去,尤其是贯彻到刑法犯罪论体系之中,无疑是倍受挑战的一个问题。本书的写作,正是为了解决这一难题并出于"自觉与体系化"地运用实质解释方法贯彻于刑法犯罪论构建之结果。萨维尼曾说:"学术研究的成就不仅仅取决于天赋(个人智力的程度)与勤奋(对智力的一定运用),它还更多地取决于第三种因素,那就是方法,即智力的运用方向。每个人都有其方法,但很少有人在这方面能够达到自觉与体系化的程度。"虽然这种结果能否作为"学术研究的成就"及其质量如何尚需观察,然而,其作为作者个人学术体系化思考的特点是毋庸置疑的。

从法系归属分析,我国法律应当属于大陆法系,我国刑法继受了大陆法系传统中的政治性和形式性。"正义就是使每个人各得其所,并具有永恒的意义。"个案正义不是对普遍正义的背叛,而是在普遍正义之下的对正义的坚守。强调开放的犯罪构成要件,并主张对刑罚规范的可罚性要件进行实质解释,进而主张构建以目的理性为出发点、以二阶层为架构的实质犯罪论体系,正好可以合理吸收英美法系中经验主义和实用主义的有效成分,以对我国传统犯罪论体系适当纠偏,使之朝着学术化与实质化方向发展,兼顾刑事司法的普遍正义与个案正义,使我国刑法在司法实务的推动下走向合适的进化之路。当然,在达成这样一个目标过程中,采用的分析框架和话语体系

《实质犯罪论》后记

则是德日教义学式的。这样一种路径也许是值得质疑的，这种尝试也充满了浪漫主义色彩，然而，它却未必不可行。当下中国，刑法学研究成果煌煌大观，新说旧见众说纷纭，构建一种体系甚至要推广它，并非一件容易的事。但是，我常常认为，我们时代的刑法学，缺乏萨维尼一样的浪漫主义者，人们往往浸淫于烦琐的解释技艺中自得其乐而缺乏人文关照。自觉地基于某种哲学立场而以刑事正义和人权保障为目标建立一种犯罪论体系，无疑有助于推动刑法学的研究朝着真正的人文社科科学的方向发展。

在构建实质的犯罪论体系过程中，基于共犯论是刑法学上最黑暗的"绝望之章"这一共识，本书只选取了共犯论为链接，讨论实质的犯罪论可否贯彻于共犯论并解决共犯领域中存在的疑难问题；能够在共犯论领域得以贯彻的一种犯罪论体系，在其他问题上的贯彻大致是没有问题的。同时，由于篇幅所限，也由于犯罪论体系问题过于宏大，本书所涉猎的某些问题，如结果无价值与行为无价值、故意和过失的体系地位等，作者只是表明了自身的基本立场而没有完全展开；同时，本书中的种种观点也只是作者的片面陋见，未必妥当，甚至可能是错误，在此真诚地希望老师和同行们不吝指正。

感谢多年以来各位老师和同仁的帮助。没有你们的帮助和提点，很多问题我都难以厘清；没有你们给予的种种机会，很多观点我也没有办法表达。感谢各大杂志社各位编辑老师的厚爱，正是你们，才使本研究中的诸多成果得以在一些重要期刊

先后得以发表。感谢东南大学各位领导和老师以及我的同事,是你们给我创造了一个良好的学术环境!感谢我可爱的学生,是你们激发了我的思维,并通过你们的诸多帮助而节约了我许多宝贵的时间。感谢我的家人,是你们的爱,增添了我的智慧,并赐给我前行的勇气。

感谢中国人民大学出版社的杜宇峰、方明老师,正是你们的帮助,才得以使本书在学术著作日益凋零的大环境下得以顺利出版。

《罪名研究》后记

——循名责实 名至实归

2000.6.28

中国人讲究循名责实,皆因名者实之宾也。《管子·九守》篇提出:"修名而督实,按实而定名。名实相生,反相为情。名实当则治,不当则乱,名生于实。""名"一经确定,便有循名责实之功效,促进识物和成事。公孙龙在《名实论》中认为:世界万物属客观存在都有各自的位置,名为物称,二者不符,则名不符实,不用;否则,"不当而当,乱也"。名不过其实,实不得正其名。实至名归。然而,刑法中的罪"名"理论并未因此而受青睐。相反,长久以来,罪名理论在整个刑法学中都处于备受冷落的境地。刑法学者和司法工作者似乎一般都认为,罪名之名乃形式上的东西,给刑法分则的罪刑条文起一个什么样的名称并不重要,重要的是条文没有适用错,行为没有定性错。这种认识使得刑法中的罪名研究非常薄弱。国人重"名"的传统文化观念与刑法学界轻(罪)"名"的巨大反差,

激发了我对罪名理论的好奇和兴趣。罪名真的是不重要的一种形式吗？1997年新《刑法》的颁布给了我进一步思考的契机，最高司法机关对罪名的重视也使我感到罪名理论似乎应该顺应实践的潮流相应发展和深化。或许有人认为，既然"两高"都颁布了罪名的司法解释，刑法中的罪名已然确定，继续探讨罪名这一问题似乎多余。但是，在我看来，"两高"关于罪名司法解释的颁行绝非意味着罪名问题探讨的终结，相反，它只是给了我们研究这一问题的更多动力。因为，"两高"颁布罪名司法解释的行为本身就表明了对罪名问题的重视，而"两高"的解释又非尽善尽美，它还存在许多不足需要完善。在此情况下，及时运用罪名理论并结合"两高"司法解释对罪名问题进行深入研究，无疑更能有效地推动我国刑法学中罪名理论的深化发展。正如法律的制定并不意味着法律的终结，罪名司法解释的颁布也不意味着探讨罪名问题的终结。相反，它只是一个更好的起点。

秉承着上述认识，我从新《刑法》颁布之日起即开始着手对罪名问题的探究。先是写作并发表了相关论文，紧接着又围绕罪名问题写成了我的硕士论文，本书就是在我硕士论文的基础之上，经过较长时间的补充、修改而成。虽然我涉猎了截至目前所有有关罪名问题的资料，并结合新《刑法》和"两高"关于罪名的司法解释对该问题作了一些自认为有新意和深度的思考，但是，书脱稿之后，心中没有释然，总觉得应该可以写得更好。但苦于学识浅陋，功力不逮，呈现在大家面前的这本

《罪名研究》后记

书难免会带有这样或那样的不足。衷心祈望各位读者批评指正。

本书能够出版，我首先要万分感谢陈兴良教授。正是陈兴良教授对该书选题的肯定，才使我有了系统研究罪名问题的勇气和信心。在具体写作过程中，陈老师对于本书的篇章结构等也提供了诸多宝贵意见。特别需要提及的是，如果没有陈兴良老师的大力支持和热心扶持，本书的顺利出版是不可想象的。对于陈老师给予的诸多关心和帮助，我在此表示诚挚而深切的谢意。感谢清华大学的张明楷教授和中南政法学院的齐文远教授，没有两位老师对我硕士论文的认真指导，本书难以有一个好的基础。我的博士生导师张文教授对本书的写作亦非常关心和支持，在此谨向导师表示深深的感谢。感谢杨春洗教授、储槐植教授和刘守芬教授对我治学与为人各个方面的谆谆教诲和关心，各位师长严谨的学风和高尚的人品使我受益良多。对于其他关心爱护我的老师、同学、朋友和亲人，在此一并致以真挚的谢忱！

最后，我要万分感谢中国方正出版社的胡驰博士对本书出版的大力支持！

法律人的谋生与谋道

附录

谋道之下,
乃在于守住为人之底线,
遵纪守法,
勿逾规越矩。

开启"实质刑法三部曲"之后的学术旅程

记者 尹丽

《法治周末》2021.1.21

2020年10月,随着《实质出罪论》出版,著名刑法学者、东南大学法学院院长刘艳红笔下的"实质刑法三部曲"画上了一个圆满的句号。这部书继2009年的《实质刑法观》、2014年的《实质犯罪论》之后登场,甫一问世就得到了学界广泛的关注和赞誉。

在刘艳红的观点中,实质出罪是指"行为虽然形式上符合犯罪构成要件,但如果实质上并没有达到应受刑罚处罚程度的法益侵害性,或者用我国刑法的'但书'话语——'但是情节显著轻微危害不大的',则不认定为犯罪"。以此为基点,她从形而下的层面对刑法出罪方法展开解释论的研究,进而构建了实质出罪论体系。

"目前无论是刑法理论还是刑事司法实务都强调实质入罪的氛围中，刘艳红教授将实质的立场限定于出罪，无疑需要很大的勇气，这也着实体现了一个刑法学者悲天悯人的情怀以及对社会民生、百姓疾苦的关注。"北京大学法学院教授储槐植这样评价《实质犯罪论》。

诚如斯言，在《实质出罪论》之前，国内刑法学界尚无一本讨论出罪的专著。法学界所公认的是：刘艳红不仅用三部曲成果打造了自己鲜明的学术标签，更成为国内中青年刑法学者学术创新的引领者。

实质刑法学术标签的收官之作

对于三部曲的各自定位以及它们之间的关联，刘艳红这样解释："《实质刑法观》是从法哲学层面的思考，《实质犯罪论》是从法学理论层面对刑法基本教义的分析，理论性均较强。《实质出罪论》则意在建构实质出罪体系，密切结合审判实践和现实案例，体现出理论性与实践性兼具的色彩，比较接地气。《实质出罪论》是实质刑法立场的落地和实践展开，具有承上启下的作用。它既是实质刑法学术标签的收官之作，同时也意味着我即将开启下一段学术研究旅程。"

《实质出罪论》出版后不久，即通过了英国劳特里奇出版社的评审。作为世界知名的人文社科出版社，劳特里奇出版了众多顶级书系，对出版物也有着严格的标准与要求。根据该出版社对于书系字数的整体规划,刘艳红眼下正忙于将《实质出罪论》书稿删改压缩至 15 万字左右。再过一段时间,英文版的《实质出罪论》便会面世。

刘艳红告诉记者,《实质出罪论》这本书原定的题目是"实质解释论",但在写作完成后,她发现全书基本都是以出罪为导向的,所以最后决定直接命名为"实质出罪论"。

书名的这种改动,符合刘艳红一直以来"实质出罪"的观点。"这本书有助于对司法实践片面强调入罪的思维模式进行纠偏,让刑法真正成为犯罪人人权保护的大宪章。"她说。

网络时代更应恪守刑法的底线

2014 年,在申请获得江苏省社会科学基金重大项目"把握互联网'最大变量'核心问题研究"之后,刘艳红一直关注并研究网络犯罪,"实质出罪"观点也在其中得以体现。2020 年,她的研究成果《网络犯罪的法教义学研究》成功入选 2019 年国家哲学社会科学成果文库。

"网络使用的普及率与便捷性,使得网络领域的违法犯罪呈现爆炸式增长。但是,相当一部分网络失范行为游走在违法与犯罪的边缘,是否动用刑法打击,其实争议很大。"采访中,刘艳红如是介绍研究的背景,并说:"我一直认为,在网络时代,更应当恪守刑法的底线,不能动辄入罪,更不能动辄要求设立新罪甚至制定所谓的'网络刑法典'。能够用既有刑法理论、刑法条款解决的问题,就用既有的理论去解决。"

她认为:"面对新的犯罪方法,刑事治理必须有的放矢,准确辨析它是利用网络实施的传统犯罪,还是新型网络犯罪。如果是前者,直接根据既有的理论即可;如果是后者,则需要在正确理解某一技术及其应用场景的前提下,再对其进行研究。只有准确辨别二者的区别,才能够解决网络时代出现的真问题,避免造成学术虚假繁荣以及网络犯罪数据的虚高。"

"对法律理性主义的兴趣和思考"是写作源泉

2019年,也就是《实质刑法观》出版的十年之后,刘艳红对《实质刑法观》进行了修订,推出了第二版。在这本书的后记中,她回忆了自己的写作初衷,表示"对法律理性主义的兴趣和思考是最主要的原因"。

她写道:"从博士毕业时起一直到现在,我始终喜欢古典自由主义哲学家们的思想、理论和观点,这样的兴趣无形中引导着我始终去思考什么是刑法、为什么需要刑法、刑法的核心问题是什么等根源性的问题……"

刘艳红饶有兴趣、深入细致的思考所结出之丰硕成果,是一般人难以企及的,而这与她极高的学术自律密不可分。

在刘艳红看来,很多女性在进入婚姻后,容易产生"就坡下驴"的心态,完全放弃了对事业与理想的追求,然而,舒适的生活很容易毁掉一个人。"'放弃'二字15笔,'坚持'二字

16笔,放弃和坚持就是一笔之差。"她时常教导学生,"多一些自律与自信,多一些坚持与恒定,生命就像一朵花,应该趁着青春努力地绽放。"

笔耕不辍的刘艳红,对学生们也寄予了厚望。她认为,法学从业人员仅具有法律知识是远远不够的,更重要的是把它运用到实践当中,而写作就是运用法律知识的最好方法。

"但写作能力不是一蹴而就的,它需要长期的打磨和训练,越早开始训练效果越好。"刘艳红说。近年来,东南大学法学院发展迅速,学术氛围浓厚,学生们也树立起了写作与发表的意识。

2020年,在首届"全国法科学生写作大赛"中,东南大学法学院的多名本科生围绕危险驾驶罪、胎儿利益保护等问题主动写作进而参与角逐,这让刘艳红感到非常欣慰。

读无用之书方能做有用之学

当记者提及阅读时,刘艳红表示,她阅读的重点和兴趣主要在于自己研究范围内的著作与文章。除此之外,她还喜欢阅读一些经得起时间考验的经典著作,比如《论法的精神》《道德与立法原理导论》《经济与社会》等。

她认为,在阅读本专业的相关书籍之外,法学研究者还需要广泛阅读其他社会科学类的书籍。除了刑法专业书籍,她看得最多的是法哲学、政治哲学、法理学的书,"这些书籍都为我树立实质刑法观及日后的学术论文写作打下了扎实的基础"。

在当下这个万物互联时代,电子阅读悄然改变了人们的读书习惯。然而,相比电子阅读,刘艳红觉得"真正的阅读还是应该读纸质版的论著,而不是浏览一拉到底的各种推文",因为"读书是用心读,不是用眼睛读。电子阅读只是满足了大众眼睛读书的感官需求,而没有也不可能满足心灵读书的精神需求"。

她在分享自己的阅读经验时说:在阅读过程中不能太功利,要多读经典、多读那些看似无用之书,因为读无用之书方能做有用之学。"本专业领域之外的书读多了,终有一天,功不唐捐,玉汝于成,看的书都会成为你写作的灵感与素材。"

完成"实质刑法三部曲"之后,刘艳红对自己下一步的写作有明确的规划:"一是将当下正在进行的刑民一体化研究深入推进;二是对过去的专著进行修改完善;三是着手撰写个人专著式的教科书《刑法学》。"

她举例说,《开放的犯罪构成要件理论研究》就是着手修订的著作之一。这本书自2002年出版后,已经过了近二十年。而在此期间,无论是法条、学界理论还是自己的观点都有了较大的改变,这也是修订的主要原因。另一方面,此书在2019年获得第一届韩德培法学奖之后,出版社也力邀刘艳红对此书进行全方位的修订后重新出版。

谈及教科书《刑法学》的撰写工作,刘艳红说:"对我而言,这将是接下来我的学术研究中极为重要的一件事。"

开启"实质刑法三部曲"之后的学术旅程

在她看来,教材的受众远远多于专著,但一本好的教材又必定来源于作者前期对各个专题和专著的研究。所以,学者只有对刑法学的研究达到一定的深度和广度,才能着手撰写刑法学教材。

在德日,一个真正的刑法学者都会出版自己的专著式教材。这既是对自己长期研究刑法专业的总结,也是刑法学研究的进一步体系性建构。刘艳红说:"于我而言,现在应该是着手撰写刑法学教材的契机了。"

显然,作为一位法学家,刘艳红教授虽然年少成名,但她从不耽于名利,从不曾停留在学术道路旁的鲜花与掌声中,而是久久为功、善作善成。未来中国的法治理论建设之路上,她的思想之花必将有更精彩的绽放。

越过"好望角"
——访青年法学家、法学院院长刘艳红教授

记者 禾山

《东南大学报》2021.1.1

编者按：如何准确理解刑法中的罪刑规范，进而准确认定犯罪，是刑法学中的"好望角"。最近，东南大学法学院院长刘艳红教授的著作《实质出罪论》出版。从《实质刑法观》到《实质犯罪论》，再到如今的《实质出罪论》，刘艳红教授在实质刑法领域耕耘二十年，终于以"实质刑法三部曲"的形式打造了自己的学术标签，实现了"让学术荣耀生命"的梦想。本报记者特采访刘艳红教授，请她介绍自己的学术之路，以及她对于学院发展的思考和对于广大同学的殷切希望。

记者（以下简称"记"）：如何准确理解刑法中的罪刑规范，进而准确认定犯罪，是刑法学中的"好望角"。为什么这么说？

刘艳红（以下简称"刘"）：本质上，"如何准确理解刑法

越过"好望角"

中的罪刑规范,进而准确认定犯罪"的问题是法律与道德的关系问题,也是贯穿法学始终的一个经典问题,涉及法律的性质、法律的渊源、法律的运行、法律的效力。19世纪德国法学家耶林曾将其比喻为"法学中的好望角",意为惊涛骇浪,难以驾驭。这也是法哲学绕不开的话题。《实质刑法观》《实质犯罪论》《实质出罪论》三部曲是我对中国如何进行罪刑规范,进而如何准确认定犯罪的思考和总结。

刑法中的罪刑规范看似简单,但如何适用实则很难。比如,以刑法中最简单的罪刑规范第232条故意杀人罪为例,每个人都知道这个条文怎么理解,可是你怎么根据这个条文来认定犯罪却是不容易的。

记:您在给夏伟博士《刑民交叉的理论构造》一书作序时写道:"法由一款一条构成,树由一叶一枝长成。"您的学问之路,也殊为艰辛,请您介绍一下您的学术起点在哪里?您的学术转折点在哪里?

刘:我的学术起点应该是我的博士论文。当时我就发现刑法中的构成要件规定得过于粗疏了,这样的话,大家是不是很容易"犯罪",监狱里要关进去好多人啊。像虚开增值税发票罪,没有规定骗取税款的目的,可在实务中司法解释要求这个目的,这个目的从哪里来的?人们实际工作和生活中,虚开增值税发票罪的这个目的不好轻易判断,不能一刀切,也就是不能把所有虚开增值税发票的行为认定为"犯罪"。我发现开放的犯罪构成这个领域问题比较多,于是才展开了后续实质刑法的一系列研究，所以，我的学术起点是开放的犯罪构成要件。该项研究成果获得北大优秀博士论文，毕业后该论文还获得湖北省哲学社会科学优秀成果三等奖，去年又获得了首届韩德培优秀成果奖。

我的学术转折点应该是实质刑法观。博士毕业以后，我沿着如何解释适用不成文构成要件要素，开始奠定实质性刑法立场并展开了系列研究。建构一个自己的学术哲学立场，有了深厚的立场才可以走得很远，之后，适用这个立场，建立一个犯罪论体系，再用这个体系构建一个出罪通道，由此形成了实质刑法观到实质犯罪论，乃至实质出罪论的实质刑法立场系列。这样一个三位一体的实质刑法系列，形成了我自己的学术标签和代表作。

记：早在2009年，您就出版了《实质刑法观》一书，正式开启了形式刑法与实质刑法之争的时代，该书一经面世，即在学界产生重大的学术影响，引领了实质刑法的基本思潮。请问您为什么强调"实质"的重要性？

刘：生活中我们强调透过现象看本质，对法条的理解其实也存在同样的问题，那就是透过文字看精神，透过法条文字的语义规定看法条背后体现的法的精神，并加以合目的性解释，最终才能解决准确定罪问题。这个实质就像孟德斯鸠说的，要结合法的精神和理念来解释具体法条。但是，我的实质刑法系列和其他学者所不同的是，我仅把实质判断用在出罪。东方人喜欢用好坏的实质标准进行价值判断，如果把这种实质思维用在入罪，就会造成根据裁判者自己的个人喜好来定罪量刑，可能会导致案件的判决违反罪刑法定原则。

记： 作为法学理论家，您认为最重要的品质是什么？这种品质会左右您的法学原则吗？

刘： 这是我经常跟学生们说的问题：为学和为人作为法学理论家最重要的品质，应该要有一种悲天悯人的情怀，要关注民生、关注苍生疾苦，"世事洞明皆学问，人情练达即文章"。学习法学，尤其是刑法学者，要重视普通老百姓的生存权、健康权、自由权等等，只有如此，学术研究才不会沦为技艺的工具。

记： 刘仁文主编的《刑法学的新发展》中说，形式解释和实质解释是中国学者基于对犯罪论的不同理解而提出来的。在您看，这种不同理解是出于什么原因？

刘： 形式解释和实质解释分歧的根源在于对1997年《刑法》第3条罪刑法定原则的理解，对它的理解究竟从形式层面还是实质层面在当时刑法学界发生了分歧。同时，无论是形式或实质层面的理解，最终都落实到犯罪论构成要件的解释上，牵扯到犯罪论体系。形式和实质解释是通过构成要件解释的，构成要件里面有违法性和有责性，所以它又联动了犯罪论体系中违法性的判断和有责性的判断。违法性判断，就像我们说的有没有正当防卫、紧急避险；有责性判断，就是故意、过失以及期待可能性。无论如何，形式和实质解释看起来是基于对犯罪论的不同理解，但其实根源还是对罪刑法定原则的理解不同

而导致的。

记：裁判一个案件需要具体法律条文，请问法学家的理论成果和一个具体判例之间，会有怎样的路径？或者说，法学理论成果如何成为制定法律条文的根据，并影响社会的具体判例，进而为社会正义服务？

刘：法律条文制定出来，我们就要来适用。一个学者的学术思想、理论，也会影响到司法实践。我们做理论不是为了理论自身，最终要转化为对实务的影响，乃至对整个国家立法的影响。法学家的理论成果和具体判例之间的路径并非遥不可及。如果学者关注社会热点、关注立法实践和司法实践，并及时针对热点案件写成理论文章，那么会对实务界带来一定的影响；如果说理足够充分，且有自己鲜明的学术立场，终究会影响到社会的具体判例。当有人说理论没有用时，可能不是理论本身的问题，而是研究者的理论水平不够导致理论没有展现出自身的影响力。

记：您入选第二届江苏省委法律专家库，承担了更多的法学家的社会责任，您这方面的体会是什么？

刘：我连续两届入选江苏省委法律专家库，虽然这只是一个荣誉、兼职性的，但是这种荣誉代表了包括省委在内社会各界的主流性认可，对此我是非常珍惜的。对这个兼职，我的一个主要工作就是审核各种立法文件符不符合法治要求，然后提一些修改意见。

在这项工作中，我深刻体会到目前整个国家，尤其江苏省越过"好望角"

的治理进入一个快速发展、越来越法治化的时期。这当然是好事，因为各种事情都通过立法文件的形式来明确，所以越来越法治化了。我们的政府机关、领导的权力越来越小，更多的是承担义务。同时，我也感觉江苏的经济发展很快，经济基础决定上层建筑，所以立法也更新得很快，有关规范经济方面的、企业方面的立法文件非常多。能为他们做一些事，我觉得很高兴。此外，我也经常受邀参与讨论公检法司部门办理的一些案件。我喜欢在实务中学东西，同时通过讨论也能影响到实务案件的判决，我感觉责任重大。所以，无论从立法层面还是从实践层面做这份工作，对我来说都是一个挺好的锻炼机会。

记：最高人民法院党组书记、院长周强考察我校，您汇报了"人民法院司法大数据研究基地"的情况，请问现代高科技时代，法律学科的交叉性对于法治社会建设有何意义？

刘： 这个问题，其实就是教育部 2018 年提出来做新文科时涉及的一个核心问题。所谓"新文科"，即知与行的合一、理论和实践的合一、人文与社科的合一、中方与西方的合一。打通知与行、文与理、人文与社科、中方与西方的文科才是社会主义的新文科。东南大学法学院自 2006 年成立之后，我们就一直在做交叉学科，致力于打通文与理、人文与社科等之间的关系，换言之，我们法学院一直做的就是新文科，我们可以说是新文科尤其是新法科的引领者。

对于教育部"新文科"的提出，我们特别高兴，这在客观上表达了对我们以往所做的交叉学科的一个肯定。这一次最高

法律人的谋生与谋道

人民法院院长周强和江苏省委书记娄勤俭到东南大学司法大数据基地来考察，意味着对我们东南法学办学模式和成效的肯定。21世纪世界和国家的建设一定都是靠复合型人才来做的。尤其现在网络时代、高科技时代，它是以互联网、人工智能为引领的，我们一定要懂这些新型领域，以科技发展驱动法学进化。法学知识的学习相对容易，计算机、互联网专业的学习更难。如何更好地培养既懂科技又懂法学的人才，未来还有很多的工作要做。

记：您称呼本科、硕士和博士都在东南大学学习的同学为"三东"人。"三东"人的出现是法学院成长的重要标记，您认为与2006年您刚进东大时相比，东南大学法学学科取得长足进步的根本原因是什么？

刘："三东人"具有非常夯实的基础，能够走到博士阶段的"三东人"，未来一定会是非常成功的人。在现在的东南大学法学院，我们欣喜地发现，"三东人"越来越多，这无疑是东南大学法学院人才培养质量提升的显著指标与体现。

与2006年我们刚来东大时比，东南大学法学学科发生了翻天覆地的变化，我们已形成了以交叉学科为特色引领理工科大学法学院的新型办学模式，这应该是东南大学法学学科取得长足进步的根本原因，用《民主与法制时报》记者李卓谦的一篇采访的题目，那就是——在法学"战场"携手理工科突围。在2006年法学院成立时就确立了"交叉性、团队式、实务型"的办学宗旨，从而一举奠定了法学与其他理工科比如计算机、工程、交通、医学等的交叉融合发展。东南大学法学院一直走的就是教育部所说的"新文科"的办学思路,只不过,在教育部2018年提出"新文科"概念之前,我们学院已经走在了时代的前列,已经办了十几年新文科。

希望在未来的发展中,东南大学法学院能够深入贯彻习近平法治思想,紧扣教育部新文科理念,行高致远,使法学的东南模式发挥出更多的马太效应,使东南学派能够更好地服务国家发展战略,服务法治与经济发展。

记: 到达刑法学中的"好望角",不会是您的学术终点。请问您后面会有怎样的研究计划或者喜欢探讨的领域?

刘: 我认为整个公法解决的就是处罚的正当性问题,行政法、刑法都是如此,法理学和宪法学是为这种处罚正当性亦即公权力的行使提供理论基础的。由于刑法是所有部门法的保障法,所以刑法处罚的正当性问题,尤其受关注。我研究的三部曲,整个关心的就是刑法处罚范围的合理性与处罚的正当性问题。我发现,所有关于刑法处罚正当性的问题,实际就是公权力与私权利之间如何平衡和合理划定界限的问题,而这一问题,实则是古典自然法学派包括后来的各类法学派所共同关注的问题,甚至是人类历史上各类法哲学派产生的根本缘由。因此,我特别喜欢德国刑法学家的研究路径,即先研究透刑法,再由刑法上升到法哲学层面展开研究,一如拉德布鲁赫、考夫曼等。未来的研究,我非常希望能专门探讨适合中国人思维以及中国刑法学乃至中国公法学特点的法哲学问题。

法律人的谋生与谋道

记：您在给 2019 年法学院毕业生的寄语中说，希望他们要多点"知识与见识"，您认为知识与见识是两类不同的东西吗？

刘：知识和见识是不一样的。书本上所学的叫知识，而学那些和知识无关的东西增长的是见识。我们在社会上最后发展有多远，靠的是见识，起点靠的是你的知识，有点类似于"起点靠智商，终点靠情商"。知识的获得可以靠老师课堂上的传授，见识的增长则只能靠课堂之外，是在工作和生活中对各种人与事的感知或收获。知识分子有知识，但不一定有见识。在有知识的同时，多多增长见识，这样的人，才能成为富有智慧的人，而不仅仅是"知道分子"。

记：您愿意把出版三部曲也看作人生的"好望角"吗？您对广大同学有何建议，让他们也能像您这样，早日达到他们人生的"好望角"？

刘：应该说，实质刑法三部曲至少从我自己的角度解决了如何适用刑法规范这一刑法学中的"好望角"。实质刑法三部曲之后，学术之路应该会更顺利一些，读者和学界同行也会对我有更多的期盼；通过了学术海洋的"好望角"，以后可能会通往学术研究的富庶之地了。

对广大同学来说，要早日达到他们人生的"好望角"，就应该克服惰性，克服安逸的生活造成的人的懈怠。每一个青年学子，都应该希望自己未来能够真正为国家、为社会持续做贡献，为此要长期磨炼自己，要克服学业以及人生旅途中的风风雨雨，保持如同海上之舟一直前行的状态，只有这样才能早日达到他们人生的"好望角"。

自北大博士毕业后，刘艳红即开始研究实质刑法，并作出了富有远见的学术规划，如今，实质刑法系列成果均已出版，二十载耕耘孜孜不倦，三部曲铸就学术标签，实乃可喜可贺。从《实质刑法观》到《实质犯罪论》再到如今的《实质出罪论》，刘艳红教授在实质刑法领域耕耘二十年，终于以实质刑法三部曲的形式打造了自己的学术标签，我由衷为她高兴。目前无论是刑法理论还是刑事司法实务都强调实质入罪的氛围中，刘艳红教授将实质的立场限定于出罪，无疑需要很大的勇气，这也着实体现了一个刑法学者悲天悯人的情怀以及对社会民生、百姓疾苦的关注。在这个浮躁的社会，作为一名学者，能够沉浸于自己喜欢的学术领域，并能不断推陈出新，是非常不容易的，这种对学术的痴迷钻研，值得充分肯定。我认为，刘艳红教授的三部曲是刑法理论体系领域最有分量的成果，更是我国形式刑法与实质刑法这场争论中最有代表性的成果。

——储槐植（北京大学法学院教授）

（摘自储槐植：《二十载孜孜不倦，三部曲铸就标签——评刘艳红教授〈实质出罪论〉》，载《法治日报》2020年11月10日第9版）

与刑法对话

——新中国成立 70 周年《法治周末》系列人物报道

记者 尹丽

《法治周末》2019.10.1

在中国"70后"法学家群体中,刘艳红无疑是一位佼佼者。

第七届"全国十大杰出青年法学家"、教育部"长江学者奖励计划"特聘教授、国家级"有突出贡献中青年专家"、入选"国家百千万人才工程"、教育部"新世纪优秀人才支持计划"……诸多荣誉加身,东南大学法学院院长的重担在肩,她依然身姿轻盈,在学术道路上笃笃前行。

刑法修订是我学术实践的动力

"人生,越重大的事越是偶然决定。"

与刑法对话

这句话贯穿了日本刑法学家西原春夫的《我的刑法研究》一书，也被刘艳红引用来作为她从事刑法学研究的注解。

1992年，刘艳红从中南财经政法大学法学院本科毕业，面临着去南方某省法院工作还是留校教书的抉择。当时，她的男友——也是她后来的丈夫周佑勇，建议她选择后者。

刑法学是刘艳红学得较好的科目，恰逢中南财经政法大学的刑法教研室也需要新鲜血液，就这样，她"懵懵懂懂地把刑法作为了自己的研究方向"。之后，在张明楷、齐文远等资深刑法学者的教诲下，她在职攻读研究生，获得硕士学位。

值得一提的是，刘艳红与周佑勇的爱情故事早已传为佳话。在刘艳红二十余载的学术道路上，周佑勇给予妻子极大的鼓励与启发。有人如是形容："刘艳红是一块璞玉，周佑勇是打磨者。"

1979年7月1日，第五届全国人民代表大会第二次会议通过我国第一部刑法。1997年，第八届全国人大第五次会议对其作了全面修订。此后，刑法立法的脚步随着经济社会的发展不断向前，成果丰硕。至今，共有十部刑法修正案出台。

刘艳红的学术研究之路与这十次刑法修订紧密相连。用她自己的话说，"在某种程度上，刑法修订是我学术实践的动力"。

1998年，刘艳红考入北京大学法学院攻读博士学位。一进北大，她就对大修后的刑法展开了研究。

20余年前，法学远不及近年这样热门。对于当时的许多女生而言，毕业后从事法学学术工作并非是一个好选择，但刘艳红心无旁骛。

不久，刘艳红的论文《罪名确定的科学性》在权威法学期刊《法学研究》上全文发表，并受到同业好评。读博期间，在储槐植、张文、陈兴良、张明楷等教授的指导下，刘艳红在法学权威杂志、核心期刊上陆续发表了一系列论文，并出版了她的第一本学术专著。

之后，每一部刑法修正案出台时，刘艳红都会就立法得失进行评说。而刑法的不断发展完善，则某种程度上可视作对学者关切的回应。

"2011年通过的《刑法修正案（八）》给我的印象特别深。"刘艳红评价，"就人权保障等方面而言，进步非常大。"当年，她笔下的论文《刑罚轻缓、人权保障与〈刑法修正案（八）〉——以相关国际公约为蓝本的分析》在《法学家》上发表。

近年来，我国刑法修订呈现出犯罪化立法的趋势。对此，刘艳红常有反思，并将这些反思体现在相应的论文中：我国刑法的谦抑性如何体现？法律原则所强调的罪刑相适应体现在哪里？新罪的犯罪化是否过了头？

"很多新型行政犯，连前置法都没有，刑法中就已经有了相应的罪名。这导致刑法作为部门法的保障法，原本是要'断后'，现在变成了'先行'。"刘艳红说。以串通投标罪为例，1997年还未出台《招标投标法》，但串通投标罪的罪名已经写入刑法了。直到两年后,《招标投标法》才得以通过并于次年实施。

刘艳红认为,对我国刑事立法的持续性研究,是自己作为学者的突出特色。"刑法学者必须关注当下的立法。这是时代赋予我们的使命。"她说。

学术研究已经成为我的一种习惯

2001年,刘艳红以全优的成绩通过了博士论文答辩后,进入武汉大学法学院博士后流动站,师从刑法学泰斗马克昌教授。也是在这一年,她被评为副教授。

2002年,刘艳红赴德国萨尔大学法学院访学。在这段短暂的旅程中,德国理性、严谨的法治文化以及发达的法教育学给她留下了难以磨灭的印象。另外,"德国法学有着非常浓厚的法哲学基础,这对我的学术研究影响是非常大的。"刘艳红说。

而今,回忆起这段访学经历,刘艳红不由得感慨十余年里中国法教育学发展之迅速。站在学者的立场,她亦坦言,在软文化层面,中国的法治建设水平还有待提升。

2003年,刘艳红破格晋升为教授。此时,她开始发力打造自己的学术标签,并由此进入学术之路的"成型期"。

2009年,刘艳红的博士后出站报告以《实质刑法观》之名出版。这本书系统地论述了实质刑法的立场与基本含义,其

核心是实质刑法解释论与实质犯罪论。书出版后,引发学界关于实质解释论与形式解释论之争。2013 年,《实质刑法观》获第六届高校人文社会科学研究优秀成果一等奖。

在刘艳红笔下,重量级的研究成果还有很多:《开放的犯罪构成要件理论研究》一书,被誉为"填补我国刑法理论界空白之作";《走向实质的刑法解释》对刑法解释基础领域重新进行了界定,被学界认为是展现其实质刑法解释问题的研究之作;《罪名研究》获评湖北省"社会科学优秀成果奖"……

作为一名女性学者,刘艳红有着极高的学术自律。怀孕期间,她依然笔耕不辍;孩子才 6 个月大时,她又回到了书桌前。"学术研究已经成为我的一种习惯。"她说。

在刘艳红看来,很多女性在进入婚姻后,容易产生"就坡下驴"的心态,完全放弃了对事业与理想的追求,然而,舒适的生活很容易毁掉一个人。她时常教导学生,要多一些自律与自信,"生命就像一朵花,应该趁着青春努力地绽放"。

从学者到法学院院长

2006 年,东南大学决定复建法学院。在东南大学时任校长易红的力邀下,周佑勇、刘艳红夫妇从武汉来到南京,成为重建法学院的支柱力量。

2014 年,刘艳红接过周佑勇手中的接力棒,出任东南大学法学院院长。最初，刘艳红对于自己能否胜任心存疑虑，但丈夫说服了她：由在学术世界游刃有余的学者出任院长，有利于在学院形成良好的学术氛围，带动大家一起把学术做好。

东南大学法学院重建时，引进的大都是年轻老师。在他们眼中，刘艳红是不折不扣的学术明星。不少人早已熟知这位年轻法学家的学术经历，他们对刘艳红说："我们看你，就像粉丝看偶像一样。"

事实证明，学者刘艳红在院长的岗位上也交出了令人瞩目的成绩单。她也庆幸，当年迎难而上的自己，探索出了人生的更多可能。

"没有杂事的牵累，院里的老师们特别支持我。"她笑着对记者说。前不久，最高人民检察院授予东南大学"最高人民检察院民事检察研究基地"，这是对东南大学法学院民事检察研究工作的充分肯定和巨大支持。

刘艳红认为，正是由于老师们对自己学术的认可，带来了行政工作的事半功倍。而在做好行政工作的同时，她仍在坚持不懈地进行学术研究。

每年寒暑假，都是刘艳红的"闭关"开展学术研究的宝贵时间。学生们也都知晓老师的安排，绝不去打扰她。

永远不忘法律人的初心

在全面推进依法治国的背景下，许多人认为，法学家的

法律人的谋生与谋道

"春天"来了。

"如果中国的法治建设在春天里,中国的法学家就在春天里。"刘艳红说,相比过去,中国的法治建设有了很大进步,国家非常支持法学学科的发展,也非常重视法治建设,这些从东南大学法学院重建可见一斑。在她看来,能够见证、参与中国的法治发展和法学人才的培养,是"一件非常大的幸事"。

在 2017 年的东南大学法学院毕业典礼上,刘艳红发表了题为《谋生与谋道》的演讲。

讲台上,她语重心长地对学生们说:"谋道,实乃为人之道……如何恪守作为人本该遵守或追求的道义,如何在谋生与谋道之间求得平衡,这艰难的一课,即将在社会的大舞台上开始。"

对于法学家而言,自然也不能满足于谋生,沉浸在舒适安逸的生活里。"任何一个时代都存在尖锐的问题,我们这个时代也不例外。"刘艳红认为,对于时常直面尖锐问题的法学家而言,一方面应该恪守内心的良知,绝不能颠倒是非黑白;另一方面,不能放下肩头的担当,不能放弃手中的话语权,要勇于发声,做社会的引领者、社会矛盾的化解者。

"就像习近平主席说的:不忘初心、牢记使命。法律人的初心是什么?可能很多人会说,是寻找正义。"采访接近尾声时,刘艳红说。紧接着,她又提出一连串的问题:"那我们找到了没有?如果正义受到了侵害,我们如何帮助恢复它?我们如何才能完成自己的使命?"

学术理想与学术责任
——访东南大学法学院院长刘艳红

记者　宋韬

《民主与法制》2019.4.7

尽管已经作了充分的准备，来南京的高铁上，还是由于担心而不停反复设想与刘艳红教授初次见面的场景。为了不冷场，我还分别准备了以学术问题、生活兴趣、社会热点切入等不同的开场白。

见面之后，发现所有的担忧都是多余的。

眼神澄澈、明亮，瞳仁中诉说着掩饰不住的好奇心。讲起话来像是在唱歌，语调婉转，但语速很快，一言一语中透着武汉人的"豪爽"。她所独有的笑容很有感染力，可以瞬间温暖阴雨中的金陵城。一袭印有绿叶红花的蓝色长裙，让人感受到了一种内敛中的热烈。

回望过去，刘艳红拣出两段相遇作为她人生的关键节点：一个是遇见法学，另一个是遇见东南大学。

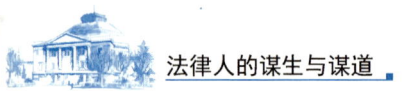

初心:保护好自己的天分

1988年,18岁的刘艳红进入中南政法学院(现中南财经政法大学)学习法律。自此,开启了这场漫长的法学学术之旅。

回顾自己的求学之路,刘艳红将其分为了三个阶段:第一阶段为本科时期的打基础阶段。"刚开始学习法律,我就觉得刑法特别有魅力!当时有点傻乎乎,不太能明白很多东西。就像现在小孩儿探险一样,总想去弄明白,但是简直连提问都不知道从哪儿提。那种感觉特懵,所以就希望能够继续读研深造。"在这种好奇心的驱使下,1995年,刘艳红开始在母校继续读研,这个阶段被刘艳红称为承上启下的阶段。"当时的一个整体感觉是:只要写出论文,就觉得好像学术也就这么回事儿;写不出东西,就特别困惑。但终归不是自己想象的那种感觉,明显感觉到自己对刑法学的认知还是挺浅的。"带着这种对于学术的困惑,1998年,刘艳红迎来了自己学术之路的最关键阶段,这一年,她开始了自己梦寐以求的北大求学之旅。"1998年到2001年,我觉得在学术之路上是我最重要的节点,到北大以后,我才真正地体会到什么叫真正的学术和大致应该怎样做学术。"刘艳红将这段经历称为学术之路的开启时期。

20年前的1998年,法学还不是热门专业,女生极少,也鲜有毕业生能够在日后持续从事法学学术工作。对于大多数人来说，读博并不是最优的选择，尤其是对于女性来说。作出这一选择需要面对的阻力重重，四周总是有挡路的墙壁。一份调查报告显示，目前教授群体中的女性比例为两成，初中级教职群体中（讲师、副教授）的女性比例约有四成。这说明，除了学生到教职转换中的女性流失之外，随着教师的学术晋升，还出现了女性研究者的进一步流失。

女博士，这个身份本应该是对学术能力的褒奖，但因为她们生为女性，于是不得不承载更加复杂的目光。她们拥有智识，也遭遇贬损，她们已经抵达学业的巅峰，但那些"人面的神祇"依然是巨大而不可回避的。

我们的这次对话，聚焦在刘艳红教授的女性身份上，是希望鼓励那些有志于从事学术研究的女性，能够从刘艳红教授的讲述中，获得一丝光亮，从而遵从自己内心所想；如果可能，也希望能够借此机会，照亮学术体制内存在的"隐性性别歧视"角落，尽量祛除那些"人面的神祇"。

一个正常社会中，谈及一位学者时，她的性别不会成为焦点。而在目前我们比作"象牙塔"的学术研究机构中，从学生到教授，女性的比例却在逐渐降低。那么，我们不由好奇，这些"消失的女性"去了哪里？排除自由意志选择不从事学术之路的学生外，那些有意从事学术之路却最终没能如愿的原因是什么？经过一番调研、分析，浙江大学生命科学研究院教授王立铭将问题的根源指向了"隐形的大象"——体制化的隐性性别歧视。

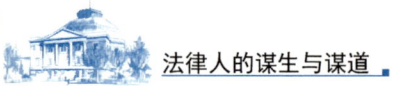

这种现象客观存在。但具体到个体身上,刘艳红教授认为是由于个体缺乏自省。中国传统文化的影响让女性失去了主体性、产生了依赖性。一旦有了家庭,女性就陷入了家庭的琐事。女性逐渐在孩子、尿布、奶粉中慢慢失去了自我,很少停下来去思考。"我喜欢思考,就算是芦苇,我也希望做一枝有思想的芦苇。我自己的性别意识不是特别强,但这种现象是存在的。"

当我们将刘艳红视为冲破世俗枷锁束缚的女博士代表时,其实并不准确。与其说她通过自己的选择,在无声地反抗着男权社会给女性学者营造的隐形歧视,不如说刘艳红的学术奋斗历程中压根儿没有留意过男女性别之不同对学术研究的影响。

在学术探索上,刘艳红认为性别问题并不是主要的障碍,对于所有学者来说,最大的障碍在于人自身的惰性,而这一点,无论对于男性还是女性,其实都是通用的。"人要克服自己的惰性,不能太舒适了,太舒适的话,容易失去斗志。"正是在这种理念之下,她即便在怀孕期间也在坚持写作,并在孩子满半岁之后就又坐在了书桌前。在刘艳红的学生徐金波看来,刘艳红是一位"事业上保持强势姿态,生活上保持蔷薇姿态,会倾听,适时表达自己想法"的导师。刘艳红也笃信:"在这个男女平等的社会,如果女性认真去做一件事,一定会成功!"

生活中、工作中,她利用一切可利用的时间从事学术研究工作。一到寒暑假,她就开始闭关。寒假期间,她通常农历腊月廿八甚至大年三十才回老家。写作是一件很痛苦的事情，每次到家，已是耄耋之年的母亲总会问："艳红，你文章写完没？"而为了让母亲安心，刘艳红总会说："写完啦，写完啦，您放心吧。"母亲则会继续问："你是不是还要继续写呀？"她则会安慰母亲："妈，没事，我现在会规划时间休息的。"其实，让人舒适的诱惑一直存在，而只有深度的自律，才能在学术上结出一定的果实。

除了外界的压力，促使刘艳红一直笔耕不辍的，则是对自己学术天分的珍惜。"从事学术研究，是一种创造性的工作，一定要有天分引导。而天分就像一条冥冥之中的风筝线，一直引导风筝要往哪个方向去飘。"而恰巧，上天赐予了刘艳红这种天分。"我就会这一种本事，只掌握了这一种本领，不舍得不用。所以我要保护自己的学术天分，不管什么人诱惑我、说我什么，我都要写。"因此，不管社会环境对于女性从事学术存在什么样的偏见，不管学术体制内存在什么样的隐形障碍，刘艳红全然不顾，只管用好自己的这一天分，尽全力发声。

刘艳红身上具有某种极强的使命感，用她的话说，是一种责任感。她的青春期成长于充满理想主义的 80 年代，她在家中排行老小，有一个哥哥和四个姐姐。受传统观念影响，父亲的注意力都集中在了哥哥身上，她不受父亲的重视。当然，这也意味着父母不怎么干涉她的喜好。正是这种"不被重视"的角色，给了她自由。

多年后，刘艳红将年幼时感受到的这种自由，赋予了自己的博士生。"自 2003 年任博导以来,十余年的博导经验告诉我,自由的学术对于学术研究是多么重要。所以,我的博士生们都知道,我从不要求他们在论文选题上考虑我的研究领域,更不要求学生在基本观点上和我一致。无论什么选题、何种领域,只要是他们本人感兴趣的且自认一定能够顺利完成的,我都会支持。"在论文后记中,刘艳红的博士生储陈城也这样评价自己的导师:"导师宽容的学术态度,让我在学术研究上拥有了极大的自由空间。"

人生的快乐在于创造,知识的创造是最激动人心的。而在创造知识的这条路上,与生而来的天分让刘艳红得以在法学中驻足,观照自身、思考社会议题。出于对自身的学术天分、"不被重视的自由"的珍惜,刘艳红也一直在快乐地、笔耕不辍地书写着自己的学术人生。

同理心:写手到旗手的转变

如果说 2001 年之前是属于求学之路,那么,2001 年北大博士毕业之后的历程,则可称之为学术之路。刘艳红将正式踏上学术之旅的路程也分为了三个阶段。

2001 年,刘艳红被评为副教授,她称之为学术之路的入门阶段。2003 年,被评为教授,随之进入了学术之路的成型期。"被评为教授之后,我才开始思考作为一名学者,你需要了解什么是学术,然后需要提出自己的学术观点、学术立场甚至是学术体系,让读者能够一眼在茫茫的学术产品中认识你。我觉得在当了教授以后,我才感受到这个压力,并且才出版了后来的《实质刑法观》《实质犯罪论》。"2014 年,刘艳红出任东南大学法学院院长,从一名写手到带领法学院发展的旗手的角色转变,可以说是刘艳红学术之路的升华阶段。

刘艳红和周佑勇从学生时代相伴走来的爱情故事一直为人称道。三十年前,她与周佑勇在校园相遇,此后共同经历每一个共同的人生选择,共同谱写了一段传奇的学术爱情之路。

身份:从学者到院长

之前的求学之路可谓一路顺畅。然而,2006 年的一次人生选择,却将她带入了长达五年的焦虑期。

2006 年,时任东南大学校长易红等校领导,决定引进已经是武汉大学法学院教授、博士生导师的刘艳红、周佑勇夫妇,联手创建东南大学法学院。

彼时的东南大学,位于江宁九龙湖之畔,几千亩的九龙湖校区,大概只建起了四分之一,到处都是水坑、水洼,路也不好走。一切只是起步不久,九龙湖畔相当寂寥。刘艳红将这时的东南大学称为"早稻田大学"。相比在武汉大学法学院的时光,回忆起珞珈山畔莘莘学子和师生共议学术的热闹景象,都成过往。

被周佑勇"套路"地带来东南大学这一"人生新地",刘

艳红心里一百个不情愿。"刚来的时候我就不愿意来,来了就想回去。从武大到东大,我感觉突然从第一世界陷入了第三世界,我至少有五年的时间是在抱怨中度过的。"

当时主要的障碍在于心理关。首先,是身份认同或者说地域认同。"我以前一直都是在文科强校,突然来到一个工科强势、文科贫瘠的学校,心理接受不了,经常泪目。当时周佑勇每天回到家,还要听我抱怨,都快崩溃了。而且我还下了限期令,给你五年,状况还不好转我就走,结果五年过了还没走,就又给了五年,这一晃儿,就被'套路'了十年,自己还当上了法学院院长。"

而当上法学院院长之后,随之而来的第二个障碍也摆在了眼前:怎么当院长?彼时的刘艳红认为,学者就应该老老实实、安安静静地搞学术,学术之外的一切行政职务都会占用、浪费自己宝贵的时间。"而且当时的自己只会写文章、只会做学术。所以对担任院长一事一直心有抵触、恐惧。"直到周佑勇开导她:"写文章只是一个人的事情,你应该带领更多的人写文章,凝聚团队的力量,带动整个学科的发展,真正推动法治建设和培养'双一流'人才。"这样一说,格局一下就大了。刘艳红也意识到,自己应该从一个写手向旗手转变了。

那么,如何在工科强势的背景下发展文科专业呢?这也就意味着如何变劣势为优势。加强跨学科的学术研究成为打开这一困境的钥匙。

十二年来,东大法学院积极引进跨学科人才。学院在对于青年教师的培养上,主张因才、因专施培。根据青年教师的特长与专业,结合学院交叉及传统学科的发展状况,将青年教师的个人发展与学院学科发展融合在一起,从而实现青年教师个人发展与学院学科的发展双赢。也因此,青年教师的团队特色与东大法学院的特色紧密一致:既有传统法教义学研究团队,又有交叉学科研究团队。

经过十二年的发展,如今,东南大学法学院由当时的寂寂无闻到2018年软科"中国最好学科排名"中第10名,位居全国5%行列,创下人文社科领域的"东南高度"。2018年,东南大学法学院喜获国家重点研发计划项目"面向诉讼全流程的一体化便民服务技术及装备研究",这是东南大学法学院取得的里程碑式国家级标志性项目,也是东南大学人文学科科研项目史上的重大突破;2018年,东南大学法学院"法律大数据与人工智能关键技术及装备"成功入选东南大学"十大科学技术前沿问题",东大法学院也是十大议题中唯一的文科院系。对于东大法学院的未来,刘艳红表示,学院将根据未来科技和经济社会发展的需求,为国家和社会培养更多一流人才,致力于在交叉特色学科的发展方向上结出更多硕果。

而谈到如何做好一名女性法学院院长,刘艳红也总结出了自己的经验:以服务者而非管理者的姿态服务整个法学院师生。具体来说,首先,需要克服社会对女性的偏见,要有自信、平等的意识。工作中交往的大多数是男性,与他们交往,要有自信,平等大气地处理工作中的问题。其次,要克服女性易情绪化的倾向,保持沉稳内敛,发挥平和力的优势,在为人的"温度"与做事的"锐度"之间取得平衡。女性在工作中容易情绪化,看到弱者容易爱心泛滥,看到不公容易愤怒、生气、激动。女性应该有意识地训练自己更理性化一些,谨言慎行,遇事缓三分,处理事情不要急躁。最后,需要克服家庭生活的拖累与烦琐,平衡好生活与工作的关系。女性在家庭中扮演着女儿、妻子、母亲等不同角色,大家庭小家庭诸事烦琐,极易使女性陷入其中耗费精力。女性要有意识地尽量将复杂的家庭问题简单化,衣食住行简洁化,尽量将自己宝贵的精力合理分配到工作和生活中。

回望过去的"艰难岁月",刘艳红感慨道:"成长要有一种对抗性的环境,困难能够让一个人成长。多去做一些自己不愿意做的事情,才能拓宽自己的思路,迸发一些自己不曾有过的想法与灵感。"而在这一点上,她要感谢东南大学前任及现任校领导给她的这一机会。如果没有这一平台、这一机会、这一历练,她现在还只是一名只会做学术的法学教授,而不可能有这么丰富的生命体验。

悲悯心:学术研究要具有生命力

一位令人尊敬的法学学者,应该是一位吃饱了还知道饿是什么滋味的人。在潜心学术、专注东大法学院发展的同时,刘艳红也会着墨在一些自己认为必须发声的社会议题上。

学术理想与学术责任

我们都知道,法学是关系国家长治久安、关切民生幸福的实践之学,对法学的研究,必定离不开中国本土语境、当下民生幸福、国家大政方略等。"刑法学是面向实践的致用之学,离开犯罪事实与经验素材的支撑,坐而论道地批判与指责,无疑是脱离现实的无病呻吟,同时也注定是没有生命力的。"刘艳红教授曾对自己的博士生这样阐述自己的观点。

刘艳红身上有一种学者所固有的剥离感。她刻意地远离当下的热点案件,谨慎地回望这些曾经的热点事件,慎重地发声。"如果靠热点案件太近了,就容易被裹挟。而被民意的浪潮裹挟,就失去了学者的自我。因此,作为一名学者,应该有意识地与热点事件保持一定的距离。"很多人说刘艳红的文章很有批判性,有独特的个人印记,这便与她的问题意识有关。不是如鲠在喉,她不会轻易发声。

唯一的一次发声,就是针对"摆摊打气球案"。

2016年8月至10月12日间,被告人赵春华在天津市河北区李公祠大街亲水平台附近,摆设射击摊位进行营利活动。2016年10月12日22时许,公安机关在巡查过程中,发现赵春华的上述行为将其抓获归案,当场查获涉案枪形物中的6支为能正常发射以压缩气体为动力的枪支。一审以非法持有枪支罪判处赵春华有期徒刑三年六个月,二审改判为有期徒刑三年,缓刑三年。

判决一出,舆论哗然。刘艳红教授在《"司法无良知"抑或"刑法无底线"?——以"摆摊打气球案"入刑为视角的分析》一文中，从法理视角展开对"摆摊打气球案"的深入探讨。

她指出，在客观违法层面分析，"摆摊打气球案"入刑意味着对非法持有枪支罪处罚对象的扩大化，将玩具枪、仿真枪在刑法上给予了与真枪一样的规范评价，从而对不具有可罚性的违法性的行为当作犯罪处理，突破了刑法客观构成要件的规定。在主观有责层面分析，"摆摊打气球案"中，赵春华显然具有责任能力，其行为也不是过失，因此本案行为人是否具有归责可能性的问题，其实就是赵春华的行为是否具备作为责任要素的故意的问题。枪支犯罪均为行政犯，其犯罪对象是枪支。因此，赵春华主观上的故意内容就要求认识到其所持有的是法律意义上的枪支而非玩具枪。问题是，赵春华"认为自己摊子上的枪是玩具枪"，"根本不知道那是法律意义上的枪啊，如果知道是枪根本碰也不会碰啊。"而且，"这些玩具枪出厂时都没有检测标准，枪盒子上也没有标明，最终犯了这些案子的人都是被抓了以后才知道'犯了事'。"这意味着，行为人赵春华只是以为其所持的是玩具枪或仿真枪，而不是刑法中的枪支；行为人欠缺违法性意义，因而也必然欠缺故意。将不具有违法性认识不具有犯罪故意的行为，当作具有归责可能性的行为处理，突破了刑法主观归责要件，逾越了罪刑法定原则之规定，突破了刑法之底线。

在刘艳红教授看来，"摆摊打气球案"中将气枪认定为非法持有枪支罪中的枪支并进而定罪的做法，违背了实质刑法观一贯所主张的"入罪合法、出罪合理"的基本立场。此案在定性上既没有做到入罪的合法,也没有做到出罪的合理,因而是一起错误的判决。

很多人不知道的是,这篇文章的背后,还有刘艳红的个人情结在。父亲退休之后,为了增加家庭收入,同时也是因为不甘于赋闲在家,曾与母亲一起支摊摆过气球。为本案中的赵春华发声,其实也是在为已故父亲曾经的付出发声;它与其说是一篇学术文章,不如说是表达了刘艳红心中对父亲深深的缅怀,一份体面的、令人尊敬的、自力更生的职业,不应该遭到法律如此冷血、不公正的对待。与赵春华的感同身受,让她奋笔疾书挥毫而就了这篇文章。

"做学问应该秉着不问名利、醉心学术的精神,不问收获、只知耕耘的态度。这说起来似乎很空,也似乎不切实际,但实际上,学术之路上需要的正是这种态度和精神。"刘艳红认为,没有对学术由衷的热爱,没有为人民做学问的情怀和信仰,而只是将学术当作"为稻粱谋"的工具,这样的学术之路是不长久的,同时也难以有所收获。过于强的功利心和目的性,会让学术偏离它本身的道路。

正如她在《谋生与谋道》一文中所说的:"谋生固然重要,谋道不能忘怀。大道至简,悟在天成!"

从中南财经政法大学法学院到北京大学法学院,从武汉大学到东南大学,岁月走过三十余载,刘艳红已是第七届"全国十大杰出青年法学家"、教育部"长江学者奖励计划"特聘教

授、国家级"有突出贡献中青年专家"、入选"国家百千万人才工程"、教育部"新世纪优秀人才支持计划"等,诸多荣誉加身,但她对学术的追求从未改变。

成为一名任时光流逝而不忘学术初心的法律门徒,成为一名在传统观念中保持真我、无畏前行的法学院院长,成为一名时刻葆有同理心与悲悯心的法学学者,是刘艳红学术之路的不变追求。生活的点点滴滴积累会告诉你,这条路怎么变好。在刘艳红的文字中,人们看见一名时代女性,是如何迎风前行的。

(感谢在本次访谈过程中毛逸潇同学、徐金波律师、苏吉晨律师提供的帮助)

在法学"战场"携手理工科突围
——专访东南大学法学院院长刘艳红

记者 李卓谦

《民主与法制时报》2018.5.9

今年是刘艳红担任东南大学法学院院长的第五年,上任之初她给自己定的目标基本都已完成:学院新增了法学一级学科博士学位授权点;盖一栋学院专属大楼的计划写进了学校的十三五规划。在下一个任期里,她把首要目标定在下一轮教学评估中,努力进入到 A,为学校、为自己交出一份满意答卷。

"我想问题喜欢'好高骛远',但只有敢想,才能有动力去做。尽管东南大学法学院建院才十几年,还是一个非常'年轻'的学院,但是我们所取得的成绩有目共睹。法学院之间的竞争非常激烈,只有找到一条合适的道路,才能在竞争中脱颖而出,我想东南大学法学院的道路已经逐渐清晰。"刘艳红说。

法律人的谋生与谋道

充满朝气的法学院

走进位于东南大学九龙湖校区的法学院办公区,除了传统的办公室外,还有两块与众不同的公共区域:宽大的长条桌、靠墙的吧台、五颜六色的高脚椅,明亮的色彩配上绿植盆栽,坐下看看书或者聊聊天,好不惬意。这是刘艳红为了让老师和同学们有更好的交流和沟通的环境,专门设置的休息区。

作为江苏省高校法学院中唯一的女院长,刘艳红把女性独有的柔和与细腻发挥得淋漓尽致。值得一提的是,刘艳红的好搭档、东南大学法学院党委书记孟红,也是一位女性,性格较之刘艳红更加温柔。"孟书记是典型的江苏人,很温柔,学生们都叫她'妈妈',年轻老师把她当作大姐姐,而我的性格比较偏女汉子,我俩配合非常好。"刘艳红说,相比于男院长,女院长在很多事情上会处理得相对柔和一些,处理事情的回旋余地更大,学院的整体氛围也更轻松。

"可以说东南大学法学院的气质是刚柔相济。东南大学是一个以理工科为主的大学,学校理工科学院院长都是男的,文科学院有三个女院长,再加上学校任务定调非常高,整体感觉是刚性的,但回到我们院里,我就会把学校的任务和要求做一些相对人性化的化解,或给老师们一些劝慰。这样女院长的优势就体现出来了。"刘艳红说。

在刘艳红之前担任东南大学法学院院长的是周佑勇教授。

周佑勇与刘艳红的爱情故事一直是法学界传唱的一段佳话。他们共同为东南大学法学院培养了一支既有高端领军带头人,又有充足青年优秀教师人才储备的创新团队。

刘艳红介绍称,东南大学法学院的教师团队不算大,45岁以下青年教师的比例占到了近80%。刘艳红说,她特别看重青年教师的培养。"东南大学法学院是一支非常年轻、非常有活力的队伍,我们有自己的法学梦,只有这些年轻的学者占据了制高点,才能带动整个学院向前发展。"

走新型交叉学科之路

东南大学法学学科有着悠久的历史传统和深厚的文化底蕴,最早源于1928年的中央大学法学院。1995年东南大学恢复法学专业,成立法律系,隶属于人文学院,院长刘道镛教授兼任法律系系主任。2006年学校决定重点建设、加速发展法学学科,于9月19日正式设立法学院,首任院长是刘艳红的爱人周佑勇。

刘艳红对周佑勇在学院成立之初提出的"交叉性、团队式、实务型"办学宗旨称赞不已:"在理工科大学做法学院,一定要与其他的学科有交叉和融合,否则走传统路线很难胜出。理工科的特点是团队协作能力比较强,而文科的思维是'单打独斗',但是办了交叉学科后,我们发现做很多事情需要团队力量。比如,重大课题,还有一些比较重要的研发项目,

法律人的谋生与谋道

我们就吸收理工科团队加入进来。经过多次实践,我们在一些重大项目上取得了很不错的效果。法学原本就比较偏实务,我们选的几个交叉学科也偏实务,彼此结合起来就成了我们独有的特色。"

如今,在大力发展传统基础学科的同时,东南大学法学院致力于发展新型交叉学科,已形成了以宪法与行政法学、刑事法学、人权与法理学、民商经济法学四大传统学科为优势的学科板块。同时,其依托学校多学科协调发展的特殊优势,通过与土木工程学院、交通学院、建筑学院、医学院、计算机学院等强势理工学科交叉进行跨学科建设与发展,在全国法学院校中率先形成了以工程法、交通法、医事法、司法大数据等四大交叉学科为特色的新型学科领域,使法学科研密切服务于社会经济发展。目前,该校已拥有最高人民法院重点研究基地"司法大数据研究中心"、江苏省高校哲学社会科学重点基地"反腐败法治中心"、江苏省交通运输行业政策法规重点研究基地"交通法治与发展研究中心"等多个省部级以上重点研究基地。

提及交叉学科所取得的成绩,刘艳红颇感骄傲,"做交叉学科是我们院的一大特色,传统老牌的法学院诸如人大、北大、武大等,都在传统学科非常有优势,如果我们也做传统学科,那么就会比较被动。做新型交叉学科的好处是这些传统院校以前都没做过,我们做,就像是在一张白纸上写字,很容易出成绩。何况东南大学具有深厚的理工科基础,因此我们做起来相对比较容易。"

刘艳红说，目前东南大学法学院对本科生和研究生的培养方案是"2+2"，即在本科二年级学完基础知识后，在大三开始上混合课程，由法学院的教师和土木工程学院的教师分别来上两种完全不一样的课，在本科就开始做交叉学科人才培养。

"即使放在全国来看，我们这种人才培养模式也是一大亮点，尤其是在工程法方面。我们编撰了全国第一本系统性的工程法教材。因此，全国各地常来参观考察我校工程法教科研工作的高校特别多，特别是以理工科为主的学校比较多。另外，我们跟计算机学院联合申请设立的最高人民法院重点研究基地'司法大数据研究中心'，也是国内第一家。"刘艳红说。

呼吁反思高校评价机制

作为院长，刘艳红需要操心学院的管理、对外的交流合作等，但除了这些行政的工作外，她大部分的精力依然放在学术研究上。

2017年9月21日，教育部、财政部、国家发展和改革委员会公布了42所世界一流大学和95所一流学科建设高校及建设学科名单，东南大学跻身世界一流大学建设高校。高兴之余刘艳红倍感压力。

刘艳红说，东南大学法学院需要在这样一艘一流的战船上和其他学院一起努力。它除了要完成一流高校的各项评估外，还要接受法学界各项指标的评估。因此，她在努力提高自己科

研成果情况下,也不断督促同事写论文、申报科研项目。

"我感觉现在要求的指标太多,对老师的考核也太多。这些考核指标就像要求种地的农民提高耕地亩产产量。天天提,常常要求,真正提高的可能性有多大?能不能让我们这些普通老师休整一下?"面对这些压力,刘艳红倍感无奈。

刘艳红认为,目前中国的学术氛围有些浮躁,高校的评价机制需要反思。她说,精品成果需要时间去凝练。通常情况下,学者只有认真思考、阅读大量文献之后,才能写出质量上乘、有含金量的学术论文,但现实是许多人被迫盲目追求在一流刊物上发表学术成果。

在刘艳红看来,当下的各种评估要求过快过高,"整个社会太功利,已经不允许人文学者像以前一样,一杯清茗,一直思考一个问题,一年写一篇论文了。"刘艳红说,身为院长,她只有自己先做到才有资格要求别人去做。因此,她也会在一年内写出好几篇论文,但并不让她开心。"一年是可以写几篇论文,但如果不在数量上设置要求,我的愉悦度、论文质量可能会更高一些。现在,我们每天都在赶时间,就像机器一样,论文质量自然会下降。"

因此,刘艳红呼吁,给予高校教授合理的评价制度和休假制度,让大家有宽松的学术环境,不要盲目追求新成绩。"只有这样,整个社会的学术环境才能健康发展。"

潜心关乎国计民生的实践之学
——记东南大学法学院院长刘艳红

记者 王广禄

《中国社会科学报》2014.12.31

东南大学法学院院长刘艳红从事刑法学研究二十余年，在她那里，真正的学问、真正的学术产品，一定是关切到国计民生、百姓幸福的。

实质刑法观推动刑法学派争鸣

在刘艳红的刑法学研究中，实质刑法的研究成果最能代表她对"法的精神"的理解。

2009年，刘艳红的《实质刑法观》出版。该书系统地论述了实质刑法的基本含义，提出了实质刑法观并展开了体系化研究，确立了以实质刑法解释与实质犯罪论为核心内容的实质刑法立场。该著作引发了刑法学界对于形式与实质刑法观的热

烈讨论，推动了中国刑法学派之争。刑法学界实质解释论与形式解释论之间的争鸣持续升温。

"简练的法律条文与纷杂的社会万象之间有着巨大鸿沟，任何一个法条都不仅仅像条文的字面含义那么简单，而是在其背后隐藏着深邃的法的精神。"刘艳红提出，实质刑法观主张以刑法形式规范为前提，以实质可罚性作为刑法解释论与犯罪论的基点，刑法只能处罚达到应当处罚的法益侵害程度的行为，唯此，才能实现法治的人权保障精神，这也正是实质解释立场的最主要特色。

谈及为何展开实质刑法观研究，刘艳红表示，由于我国刑法罪刑法定原则是有出罪禁止导向的、积极的罪刑法定原则，为防止立法者利用这一原则，强行处罚实质上不合理而不应处罚的行为，应该实现犯罪论的实质化，对刑法构成要件从实质上进行解释，以将法虽有明文规定但规定本身不合理的行为，或是不属明文规定因而不能处罚的行为排除在刑法处罚范围之外。实质刑法立场所主张的实质解释论与犯罪论，能够起到排除不够明确的刑法规范之适用，以进一步提高刑法处罚范围的准确度。在她看来，"正义的实现不能仅仅局限于法律条文表面规定，而要求基于实质的法律精神内涵，通过实质刑法观，解释出法条真正的精神，以保障人权、维护正义"。

潜心关乎国计民生的实践之学

学问也要讲究生命力

　　法学是关系到国家长治久安、关切民生幸福的实践之学，对法学的研究，必定离不开中国本土语境、当下民生幸福、国家大政方略等。刘艳红提出，在法学研究中，不能一味停留在抽象理论或西方体系，而应通过理论研究反映中国的司法以及民众生活中的问题，否则，做出来的学问必将是脱离群众路线、脱离实际的，同时也将注定是没有生命力的。

　　刘艳红对实质刑法的研究保持着旺盛的"生命力"。实质刑法包括形而上的实质刑法观的建立、形而中的实质犯罪论体系的展开以及形而下的实质刑法解释论的运用。在 2009 年推出《实质刑法观》之后，其新著《实质犯罪论》于近日面世，下一步将推出《实质刑法解释论》。

坚持以学术为一生志业

　　从中南财经政法大学法学院到北京大学法学院，从武汉大学到东南大学……岁月走过二十余载，刘艳红已是第七届"全国十大杰出青年法学家"、教育部"新世纪优秀人才"、第三届江苏省"十大优秀青年法学家"，主持国家社科基金项目等十余项，出版著作十余部，在国内外法学期刊发表论文一百余篇，但她对学术的追求从未改变。

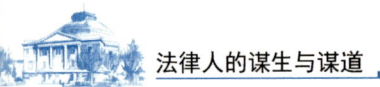

"做学问应该秉着不问名利、醉心学术的精神,不问收获、只知耕耘的态度。这说起来似乎很空,也似乎不切实际,但实际上,学术之路上需要的正是这种态度和精神。"她认为,没有对学术由衷的热爱,没有为人民做学问的情怀和信仰,而只是将学术当作"为稻粱谋"的工具,这样的学术之路是不长久的,同时也难以有所收获。过于强的功利心和目的性,会让学术偏离它本身的道路。

刘艳红凡事喜欢探寻究竟,寻找"为什么"而不满足于"是什么"。她认为,真正的学术之路,一定是对真知的探寻,是对无尽的未知世界的不断求索。正是这种态度,让她在学术之路上有所收获。当然,并不是只要坚持和勤奋,就一定会有优秀成果,做学术也需要一定的悟性,洞悉问题,把握关键,找准方向。

法学家夫妻的青葱岁月
——东南大学周佑勇和刘艳红教授

记者　潘琦

《法治周末》 2014.3.15

在刘艳红于 2014 年 2 月 21 日获选第七届"全国十大杰出青年法学家"后的几天里，来自四面八方的赞誉挤爆了她和丈夫周佑勇的短信、微信。

刘艳红和周佑勇都是东南大学的教授。难得的是，在妻子成功获选之前，周佑勇已获得第六届"全国十大杰出青年法学家"。夫妻"双杰"，堪称全国法学界的佳话！

3 月 1 日，在南京一处约好的地点，坐在《法治周末》记者面前的周佑勇聊起妻子获选的事依旧很兴奋。戴着一副银边大框眼镜的他，举手投足间都显得非常稳重，而身边的刘艳红则活泼开朗，不时在一旁打趣。

事实上，即便是得奖之前，周佑勇、刘艳红夫妇也绝对算得上是一对志同道合的伴侣：同为湖北人，同年同月生，大学

本科同一个班,同在武汉大学成为法学教授、博士生导师,同样学术成果丰硕、获奖无数。

在私下里,他们被学生们称为"神雕侠侣"。而在许多人看来,这对夫妻的的确确在生活、学习和工作的过程中实现了彼此相互帮助,尤其是互相帮助对方成为更好的自己。

法学家夫妻的青葱岁月

"70后"的刘艳红和周佑勇的爱情萌芽于中南政法学院(现中南财经政法大学)。周佑勇是班上的学习委员,刘艳红则是团支部书记。而这一切的发端,用周佑勇的话说,就是"突然有这么个女生吸引了我"。

"假装无意地制造机会,接近'犯罪目标'。"刘艳红回忆起青葱岁月使用的也是刑法专业的"法言法语"。在她看来,周佑勇这位狂爱学习的校级优等生并不擅长追女生。

周佑勇则解释说,当时的中南政法鼓励学生报考研究生,并提供了很多便利条件,在共同的考研过程中,二人结下了深厚的"革命友谊",证据是:最后二人都没考上研究生,但是"家事"谈成了。

1994年,在毕业两年后,周佑勇考上武汉大学硕士的第二个月,刘艳红、周佑勇正式走入了婚姻的殿堂,未立业先成家,成为同学中结婚最早的一批人。

在刘艳红看来,周佑勇"天生就是搞学问的人"。因为当大学里大部分人还只知道玩的时候，周佑勇已经开始在学术刊物上发表文章了，而且有多篇发表在法学核心期刊上。当时，这可以说是一件非常光荣的事。

周佑勇说，醉心于学术既有老师的鼓励也有自己的兴趣。看着自己的文章变成铅字，是一种惊喜，也能感觉到成就感。

20世纪80年代末，正值大学期间的周佑勇几乎天天泡在图书馆里。"我觉得中国当时改革开放到那个时候的确出现很多问题，尤其是我们需要一个对体制、机制的反思和思考。"周佑勇说。

刘艳红则直言自己的学术是受到了周佑勇的带动："虽然我因为成绩优异而留校任教，但其实并不知道什么是学术，甚至觉得写文章是一件奇怪的事情。当时他天天在家写，我一个人没人陪，在他的鼓动下也开始学写文章。但是我发现我根本不会。他手把手教我，给我改，帮我定框架。"刘艳红说，"大概有个两三年，也正好是硕士阶段，就慢慢上路了。"

而在周佑勇看来，刘艳红有着很好的学术天分，学术敏锐性非常强。他举例说，在老师们的帮助下，刘艳红的硕士论文《罪名确定的科学性》不仅达到了相当高的水准，还发表在了法学界顶级刊物《法学研究》上。"这可以说是我第一次比较正式地进入学术界，而且起点这么高。这对我的鼓励特别大。"刘艳红直言。

在这个过程中,周佑勇也给了刘艳红巨大的帮助。在刘艳红去北京大学攻读博士之前,他坦言自己"花的功夫比较多",主要是为了帮助妻子思考问题,要看很多书。逐渐的,这种帮助成为相互扩大视野的交流。周佑勇解释,尽管自己主攻行政法、妻子主攻刑法,但法学是相通的,而且两个人从不同的学科去思考问题的视点也不相同。

"学术标签"的产生

刘艳红感到,在北大读博的三年半给自己的影响是终身的。北大自由宽容的学术氛围,不仅进一步增强了刘艳红的学术兴趣,也历练了她独立自主、勤于思考的学术品格。

"在那个过程,我觉得自己实现了一种涅槃,从以前不知道什么叫学术,到毕业时彻底明白自己要干什么,完成了一个转身。"刘艳红说。

"实际上我俩有共同的感觉,读博之前都是一个起步阶段,读博之后经过训练,就开始有意识地进行学术规划,而不像以前只是懵懵懂懂地搞研究。"周佑勇有着相同的看法,"要有一种学术的延续性。"

周佑勇的研究就是从行政法的原则入手,进一步扩展到行政裁量。他表示,做学术最重要的就是专注,"从原则到裁量有一个学术的传承性。这样逐步在规划自己的研究,专注于自己的学术兴趣,只有这样才能够使自己走向深入,有影响力,取得重大的成果。"

刘艳红说,在博士毕业后的发展中,周佑勇给自己的帮助,不再是像以前那样分析这个问题如何解决、文章如何去写,而是从相互的交流变成了给自己压力。

"他说你没有代表作,没有自己的亮点,没有让人一提起你就知道你这个人的成果是什么的那样一个作品,你必须要打造自己的学术标签。他老这么唠叨,唠叨了好多年,我特别的痛苦。"刘艳红笑着说。

在周佑勇的督促下,经过苦苦思索的刘艳红决定把自己博士论文的研究继续深入下去,进一步由犯罪论到刑法观,由基本理论到比较抽象的理论研究,然后在抽象的理论研究之后过渡回来,将之贯彻为自己的犯罪论体系。

"我就慢慢地朝这个方向努力,然后自己坚定一点,那就是,要做的话就要做到极致。"从 2001 年博士毕业后的十多年里,刘艳红就一直专注于同一个问题。

2009 年,刘艳红的博士后出站报告以《实质刑法观》为名出版,并迅速引起了刑法学派之争。"实质刑法"自此不但成为刘艳红个人的学术立场,更成为她特色鲜明的学术标签。2013 年,该成果更荣获第六届高校人文社会科学研究优秀成果一等奖。

"对于我们来说,写一篇文章很容易,发表也很容易,有的人发几十篇、上百篇,但没有代表性成果,写出来也是没有意义的。"周佑勇解释说。

刘艳红觉得，目前不少学者都没有自己独特的学术印记。"在这点上，我挺感谢他的。我有个缺点，容易自以为是，总认为自己成果多，但他老是打击我，让我重新去思考这些问题。"刘艳红笑着说。

重建东大法学院的艰苦时光

在学术上勤奋努力的同时，刘艳红和周佑勇的教职生涯也在不断突破。2002年，在武大博士毕业后留校执教的周佑勇晋升为教授，一年之后，刘艳红也被引进到武大法学院，并破格晋升为教授，和丈夫同时成为博士生导师。

刘艳红的学生、曾毕业于武汉大学法学院的刑法博士、现为东大法学院刑法教研室主任的欧阳本祺说："在武大，大家给周老师和刘老师起了一个名字叫'神雕侠侣'，因为他们当时是全国法学界最年轻的教授、博导夫妻。"

2006年，在东大校长易红的推动下，东大决定复建法学院，并向全球招聘院长和知名教授。想成就一番事业的周佑勇决定迎接挑战，告别在武汉大学好不容易安稳下来的生活。刘艳红虽然不是很情愿，但最终仍然选择支持丈夫的想法。

"学问做到一定程度不能光自己做，要带动一个团队来做，这样人生的价值更大一些。所以觉得既然有这么一个机会我们就试一试，能不能把这个法学院建起来。"周佑勇说。

尽管有决心，重建东大法学院的挑战还是超出了他们夫妇的想象。从生活上到工作上，他们都面临着不小的困难：从亲友温暖的江城到人生地不熟的南京、从一流法学院的平台到一个全新的法学院、从创业的理想到严峻的现实……其中的种种艰辛只有他们自己默默体味。

开办法学院时，学院的软件、硬件方面都极度匮乏。根据东大理工强势、法学薄弱的特点，周佑勇在强力引进人才的同时，提出了"交叉性、团队式、实务型"的办学思路，依托学校的理工强势学科来发展法学学科。在东大的每一天，周佑勇都在承担着繁重、艰难的工作。东大法学院副书记高歌说，时常挂在周佑勇嘴边的一句话就是："事情没有做好，怎么能休息呢？"

欧阳本祺告诉记者，周佑勇为了法学院建设牺牲很大，包括自己的学问。"他到东大之后，把更多的时间投入到法学院的建设上，两年的时间头发都白了很多。"

刘艳红告诉记者，自从来到东大之后，周佑勇基本不管家庭，"家对他来说主要是个住的地方"。家里的一切周佑勇从来不需也不用过问，因为刘艳红完全帮他解除了后顾之忧。

对于妻子的支持，周佑勇总结说："她把所有家庭上的事全部承担下来，给了我很大支持；她充分发挥专业优势，出了一大批成果，带动了整个刑法团队，还经常把院里的年轻老师聚在一起，给予指导和鼓励，减轻了我很大压力；她对院里的一些发展也常常提出一些看法，对我能够形成院的发展思路有很大的帮助。"

在学校各级领导的大力支持下，在周佑勇、刘艳红夫妻的

努力下,在全院老师们的团结进取下,东大法学院从弱到强,取得了令人瞩目的发展。东大法学院成为中国法学人才培养的重要基地之一。

稳重与灵动

就在工作取得了令人喜悦的成果之时,周佑勇选择卸任东大法学院院长,出任东大社科处处长。接手东大法学院的正是妻子刘艳红。

但是在刘艳红看来,行政工作远没有学术工作对自己有吸引力。接手法学院院长后的刘艳红还在担心自己没有足够的时间进行学术研究。接受记者采访时,她还在向周佑勇抱怨,入职后的一周中,自己几乎没有时间坐在电脑前。"这对我来说简直是难以想象的。"她说。

"后面理顺了就好了。"周佑勇说,"你要想想另外一个贡献和责任,要带动一个团队做,不仅仅你个人做,你要为每个老师提供更多的资源,尤其是年轻老师,去推动他们的发展。"

在刘艳红眼中,丈夫的优势是稳重,而且一头扎进学术后,"基本上出不来,就像演员入戏一样,根本没有出戏的时候"。她用灵动形容自己,却也反思"韧性不够"。但让她庆幸的是,周佑勇帮助自己磨炼了心性。

而每当妻子发表学术成果的时候,周佑勇是最高兴的人。"反复去读它、看它,觉得为什么这篇文章能够发表,必然有它的独特性和亮点。有时候她发表完了她自己就不看了，但是我却反复去看。"他眼中的妻子，给自己带来了活力，不仅文笔特别好，而且学术理论性和批判性也很强。

严肃的法学研究之外，周佑勇夫妇俩坦言对生活的要求不高，"简单就好"。在放假的时候，两人最大的乐趣是能够看看电影和肥皂剧。

虽然自己对生活要求不高，但是夫妻俩却对自己的学生倍加爱护。"我们师兄买房，周老师都特别关心，会尽其所能借钱相助，以缓解难关。"周佑勇的一位博士生对记者说。

刘艳红的博士生储陈诚也告诉记者，自己刚来东大的时候，刘老师就问他的个人问题解决了没有。在得到否定的回答后，就张罗着托一位老师给他介绍了一个女朋友。

夫妻二人特别喜欢在散步中交流工作和学术中遇到的问题。周佑勇说，特别是在来东大后最艰苦的前几年，二人的交流极大地减缓了自己的精神压力。

采访快结束时，周佑勇、刘艳红夫妇对记者反复提及："我们的成长，一路走来，得到了很多老师和前辈们的帮助，没有他们的帮助，也就没有今天的我们。"同时，在这对夫妻看来，"十大法学家"只是一项荣誉，得到了，当然高兴，但与此同时，也不应看得太重，因为它并不是学术的终点。学术之路是没有止境的，"我们的学问做得还远远不够，离真正意义上的'法学家'还有很长一段距离。今后我们还要努力"。

让学术荣耀生命
——记中国高校人文社会科学研究优秀成果一等奖获得者刘艳红教授

记者 嵇宏

《东南大学报》2013.6.6

近日,我校法学院博士生导师刘艳红教授专著《实质刑法观》(中国人民大学出版社 2009 年版)喜获第六届高校人文社会科学研究优秀成果一等奖。该奖涵盖哲学、经济学、法学、教育学、文学、历史学、管理学等七个学科门类;奖项每三年评选一次,经资格审查、通讯评审和会议评审,最后以无记名投票,2/3 多数通过方式产生,评选过程极为严格,宁缺毋滥,时有一等奖空缺的情况发生。可以说,高校人文社会科学研究优秀成果奖代表了我国当代人文社科领域最高学术水平。刘艳红获奖的消息传来,不仅法学院,甚至整个东大人文学科都沉浸在一片喜悦之中,因为这是东南大学获得的第一个高校人文社会科学研究优秀成果奖一等奖,同时也是江苏省第一个法学类成果一等奖。这个荣誉不仅属于刘艳红本人，更注定是我校人文社科发展史上的一项里程碑式重大标志性成果。

掀起学派之争

在人类历史上，百家争鸣往往能带来重大的理论创新，继而对社会实践产生巨大的推动作用。西方法律史就是一部充满理论之争的历史，理论法学派、规范法学派和社会法学派等法学理论各领风骚，使各国法律条文和学理、判例和惯例等非成文法之间产生了必要的合理张力，进而促进人类在追求正义的道路上逐步形成了以保障基本人权为准绳的法律体系。尽管近现代刑法学史上出现了影响深远的刑法学派之争，而随着以德日刑法学理论为先锋的域外刑法学理论在我国的展开，倡导学派之争就一直成为我国刑法学者孜孜不倦的理想和追求。

当下，旗帜鲜明地表明自己学术立场并真正拉开我国刑法学派之争的重要成果，无疑是刘艳红的《实质刑法观》。该书系统地论述了实质刑法立场的基本含义，核心命题则是实质刑法解释论与实质犯罪论。该书出版后，即引发了刑法学界此后持续升温的实质解释论与形式解释论之间的争鸣，并使得实质与形式解释论的大旗下各自迅速聚集起了为数众多的支持者以至形成阵营，彼此为了各自理念、观点等展开激烈交锋，逐渐勾勒出不同刑法学派的轮廓。

从世界范围看，简练的法律条文与纷杂的社会万象之间有

着巨大鸿沟。任何一个法条都不仅仅是条文字面上的简单含义,而在背后都隐藏着法的精神。《实质刑法观》所主张的实质解释立场,最大特色就在于正义的实现不仅仅局限于法律条文表面的规定,而要求基于实质的法律精神内涵。通过实质刑法观,解释出法条真正的精神,以保障人权、维护正义,这也是刘艳红所倡导的"实质刑法观"的意义所在。

"偶然"成才之路

获得高校人文社会科学研究优秀成果奖一等奖似乎与刘艳红的年龄并不相称!

1970年重阳节,刘艳红出生于湖北省武汉市一个普通的工薪家庭,家里姊妹众多,条件艰苦。幸得父母兄姐的呵护,她才有条件读完中学,成为家里唯一的大学生。在中南财经政法大学法学院(时为中南政法学院法律系),刘艳红与后来成为她丈夫且深深影响了她的高才生——周佑勇成为同班同学。刘艳红在大学期间成绩优异,外语水平尤其突出。

在刘艳红看来,周佑勇天生就是做学问的料子,而她只是偶然间误入了学术的海洋。说偶然,因为本科毕业时,刘艳红就因成绩优秀而留校任教,但她心里对学术很陌生。然而,在周佑勇的带动和影响下,她慢慢改变了看法。在中南攻读硕士学位期间,刘艳红既当老师又当学生。在周佑勇的帮助下,她慢慢开始尝试写文章。与此同时,硕士生导师张明楷、齐文远教授也对刘艳红耐心指导,尤其是对她的硕士论文严格把关、精心修改。结果,刘艳红的硕士论文《罪名确定的科学性》达到了当时同类成果中相当高的水准,全文在法学界顶级刊物《法学研究》上发表。这给了时年 28 岁的刘艳红极大的鼓励,促使她认真思考自己的人生志业。

　　硕士论文发表的时候,刘艳红刚好考上北京大学法学院的博士。北大是精英教育,精英教育的意思是学生不用教,只需创造一个空间让他们讨论与思考就行了。这种环境历练了刘艳红独立自主、勤于思考的学术品格。博士论文选题时,刘艳红意识到这将关系到今后学术研究的可持续性。在北大法学院张文、储槐植、陈兴良等教授以及清华大学张明楷教授(早年调动到清华大学组建法学院)等各位老师的指导之下,她确定了"开放的犯罪构成要件"这一博士论文选题。北大期间,刘艳红在法学权威和核心期刊陆续发表了一系列成果,并出版了自己的第一本学术专著。由于学术成果突出,1999 年刘艳红获评北京大学首届"研究生学术十杰"。2001 年底刘艳红以全优成绩通过了博士论文答辩。

　　三载半博士求学生活结束,刘艳红发现扣其心弦欲罢不能的,是刑法所蕴含的人权保障的精神旗帜;真能让自己神往而不返的,是徜徉于人类璀璨的法学思想之中;令其废寝忘食不知今夕是何夕的,乃是沉浸于书斋锻造文字铸就篇章。自此,刘艳红明白了自己一生的志业,那就是韦伯式的"以学术为业"!懵懵懂懂误入学术园地的青春女孩,自此涅槃为追求真

知以学术为己任的青年学者。

紧接着,2002年1月至2004年,刘艳红于武汉大学法学院从事博士后研究工作,师从刑法泰斗马克昌教授。马先生德高望重、学养深厚,对待学生亲切和蔼。博士论文的研究,使刘艳红认识到,如果承认刑法中有开放的犯罪构成要件,那么就应允许裁判者对之进行实质的解释,因为形式解释对于适用开放的构成要件难以奏效。在此思路之上,经过马先生指导,她最终确定了"理性主义与实质刑法观"这一博士后出站报告选题。在马克昌教授以及武大刑法团队各位老师的大力支持下,2003年刘艳红被引进到武大法学院,并破格晋升为教授和博士生导师。2004年底刘艳红顺利出站,第二年被评为首届"武汉大学优秀博士后"。

历经大学到博士后十余载的规范训练和知识积累,刘艳红在学术的园地茁壮成长。清楚的问题意识、心无旁骛的专注焦点、理性而坚定的学术信念——刘艳红身上显现的这些优秀学者的特质,使她在众多年轻刑法学者中脱颖而出,成为佼佼者。

"孔雀东南飞"

2006年对周佑勇刘艳红夫妇来说是不同寻常的一年。这一年,在新任校长易红的推动下,东南大学领导层决定恢复成立法学院,并向全球招聘院长和知名教授。

让学术荣耀生命

学校经过层层筛选，将橄榄枝抛到了年轻的周佑勇、刘艳红夫妇手中。来还是不来，对于他们来说是个艰巨的挑战。来了，将会抛弃在武汉刚刚安逸下来的生活——这是多年来他们夫妻的梦想；不来，似乎将会失去一次挑战自我的机会。在他们犹豫不决的时候，易红校长打电话盛情邀请他们来宁开创人生的新天地，校党委左惟副书记先后三次到武汉帮助他们分析利弊。或许是东南大学在中央大学时期法学学科曾经的辉煌吸引了他们，或许是校领导的伯乐之情和三顾茅庐的精神感染了他们，最终周佑勇、刘艳红夫妇来到了刚刚重建的法学院。时任武汉大学校长刘经南等校领导反复挽留，再三建议他们留在武汉大学法学院，但是，基于多种原因，也许是命运使然，最终，夫妇二人"孔雀东南飞"。

刘艳红一来到东南大学，就扎根于九龙湖校区偏处一隅的法学院，并成为刑法学科的带头人。围绕着已经完成但尚未出版的博士后出站报告，刘艳红继续进行着思考研究。从开放的犯罪构成要件到空白刑法规范、从刑法方法论到实质解释、从刑法目的到犯罪论的实质化、从刑法主观主义原则到平面化犯罪论体系之批判、从客观归责理论到客观实质正犯论、从目的二阶层体系之提倡到刑法研究范式转型，刘艳红围绕着实质刑法解释论与实质的犯罪论这一实质刑法观的核心命题，不断变换论证角度，多路推进、由微入著，从问题的思考与体系的思考双重视角展开了对实质刑法观的系统研究。2009年，刘艳红的博士后出站报告以《实质刑法观》为名在中国人民大学出

版社出版。在各项论文成果的铺垫下,该书出版后即产生了极大影响,并迅速引起了刑法学派之争。"实质刑法"自此不但成为刘艳红个人的学术立场,更成为刘艳红特色鲜明的学术标签。此次荣获教育部一等奖,可以说不仅仅是对刘艳红《实质刑法观》成果的肯定,也是对刘艳红个人学术影响的高度认可。真可谓"十年磨一剑,霜刃未曾试。今日试于君,出鞘锋即现!"

特别值得一提的是,在东南大学的短短几年期间,自刘艳红组建东南大学刑法团队以来,通过大力引进优秀人才,如周少华、欧阳本祺等,学科团队快速发展;团队近年来在全国法学界的学术地位迅速提高,科研整体实力大幅度上升。中国法学会官网"中国法学创新网"各项指标排名上,2009年首次排名中,东大刑法团队即获得全国第十一名的好成绩,2010年并列全国第八,2011年上升为全国第六,2012年冲进前三甲,单列全国第三名。刑法团队不但成为法学院核心科研贡献团队,也成为全国法学界备受瞩目的一支生力军。

爱书与爱学生

书是人类智慧的源泉。刘艳红爱书到了几乎"偏执"的程度,这也许是她成功的秘诀。从其书柜上粘贴的"概不外借,概不复印"的提示,到若她听闻一本好书却"求之不得"时的"辗转反侧",再到每次外出时流连于书店及"血拼"书籍的畅快，甚至每次回故乡看望母亲时随身携带包裹中诸多书籍的沉重，都累积出了她的爱书之名。有一次，她的学生梁云宝和马改然一道去她家拜访。闲谈之间她买的一批书送到了。只见她打开包裹、检点图书、用略微湿润的抹布擦拭图书、晾干、标记信息、分类上架，一道道精细的工序及她娴熟的操作，引发了学生们感慨万千：爱书如此，何以不爱啊！

刘艳红爱书，更爱学生。无论是劈头盖脸的训斥，还是中规中矩的批评，甚至体面温婉的提点，都体现了刘艳红作为良师的期盼。她对学生的关爱不止于学业上，更是生活上的！她会在你生病时第一时间打来电话问候，她会在你遭遇难题时主动询问及提供解决之道的参考，她会在为人为学之间要求你先学会为人再学会为学，她会提醒和要求你好好学习但要注意身体……这样的关怀无不形塑出刘艳红与学生之间亦师亦友的关系，她也从教学相长中丰富了思想内涵。

无论是作为一名知名的刑法学专家，还是作为一名教师，甚至于作为一名妻子和母亲，刘艳红都表现出武汉人性格中的吃苦、耐劳、热烈、爽直和侠义。尽管她已拿到了标志我国人文学科上的最高成就，但她时时提醒自己既要有庄子气，更要有孔子心，百尺竿头更进一步，并时刻努力保持着时尚、美丽、优雅的女性本色。